LA FARINE &
IG BAS

l'Index Glycémique Bas pour les Gourmets

les 3 Clés pour Manger des Recettes Gourmandes en toute sérénité

© Copyright 2023 - All rights reserved.

The content contained within this book may not be reproduced, duplicated or transmitted without direct written permission from the author or the publisher. Under no circumstances will any blame or legal responsibility be held against the publisher, or author, for any damages, reparation, or monetary loss due to the information contained within this book. Either directly or indirectly. Legal Notice: This book is copyright protected. This book is only for personal use. You cannot amend, distribute, sell, use, quote or paraphrase any part, or the content within this book, without the consent of the author or publisher. Disclaimer Notice: Please note the information contained within this document is for educational and entertainment purposes only. All effort has been executed to present accurate, up to date, and reliable, complete information. No warranties of any kind are declared or implied. Readers acknowledge that the author is not engaging in the rendering of legal, financial, medical or professional advice. The content within this book has been derived from various sources. Please consult a licensed professional before attempting any techniques outlined in this book. By reading this document, the reader agrees that under no circumstances is the author responsible for any losses, direct or indirect, which are incurred as a result of the use of information contained within this document, including, but not limited to, — errors, omissions, or Inaccuracies.

Table of Content

Pourquoi, si j'ai une glycémie élevée, me donnez-vous des recettes à base de glucides? 5

Une vie savoureuse 6

Liste du garde-manger 8

Quelle quantité dois-je manger? 9

LA FARINE 11
Farine à IG Bas 14
Farine à IG Moyen 15
Farine à IG élévé 16
Pâte Simple 18
Préparer une PIZZA santé 19
Le Pain fait maison 20
Pâtes à la tomate et au bacon 22

1. Pommes de terre rôties à l'ail et aux herbes 25
2. Quinoa mexicain facile à préparer en une seule fois 26
3. Poulet barbecue au miel et légumes à la poêle 27
4. Nachos aux courgettes grillées 28
5. Frites de patate douce croustillantes au four avec aïoli au chipotle 29
6. Chili végétarien aux haricots noirs en 30 minutes 31
7. Gnocchi à la poêle avec des tomates éclatées 32
8. Curry thaïlandais à la noix de coco sain 33
9. Saumon au poivre et au citron avec des asperges 34
10. Brownies au Nutella en 5 ingrédients 35
11. Riz frit Teriyaki à l'ananas 36
12. Bouchées énergétiques au chocolat et au beurre de cacahuète sans cuisson 37
13. Bol de smoothie aux fraises et à la banane 38
14. Rats du lendemain au beurre de cacahuète et au jus de fruit 39
15. Roulés de dinde et de bacon grillés avec sauce crémeuse à l'aneth 40

16. Salade de quinoa méditerranéenne 41
17. Longe de porc au miel et à la moutarde 42
18. Haricots verts sautés en toute simplicité 43
19. Casserole de riz au brocoli et au fromage 44
20. Chips aux pommes à la cannelle 45
21. Salade de poires, de noix et de gorgonzola Clean Eating 46
22. Sauce barbecue maison à 3 ingrédients 47
23. Poulet au miel et à la sriracha pour la cuisson lente 48
24. Orzo au poulet grec au citron en une seule casserole 49
25. Graubergines glacées au balsamique 50
26. Pâtes crémeuses aux saucisses et au parmesan en 5 ingrédients 51
27. Saumon et légumes au miel et à la moutarde à la poêle 52
28. Burgers d'agneau 53
29. Soupe épicée aux crevettes à la noix de coco 54
30. Champignons portobello farcis aux épinards et à la feta 55
31. Chou-fleur croustillant Buffalo 56
32. Poulet au four à l'ail et au parmesan 57
33. Carottes glacées au beurre d'amande et à l'érable 58

34. Sauté de poulet teriyaki et de légumes en une seule casserole 59
35. Barres de gruau au beurre de cacahuète sans cuisson 60
36. Salade de chou asiatique croustillante 61
37. Quesadillas de légumes grillés 62
38. Penne Alla Vodka en une seule casserole 63
39. Choux de Bruxelles rôtis 64
40. Tater Tots de courgettes au four sains 65
41. Lasagnes d'aubergines méditerranéennes 66
42. Riz de chou-fleur à la mexicaine 67
43. Salade de quinoa du sud-ouest 68
44. Pois chiches épicés rôtis 69
45. Riz au curry, aux canneberges et à la noix de coco 70
46. Boulettes de viande au miel et à l'ail à cuisson lente 71
47. Burritos de haricots et de riz au fromage 72
48. Poulet farci aux épinards et aux tomates séchées 73
49. Omelette végétarienne à l'italienne 74
50. Curry de lentilles au riz brun 75
51. Macaroni au chou-fleur 76
52. Patates douces au chili et à la lime 77
53. Parmesan d'aubergines sain 78
54. Brocoli rôti à l'ail 79
55. Soupe au cari et à la noix de coco 80

PARTIE FINALE 81

Les Signes qui vous indiquent que vous souffrez d'Hyperglycémie 82

LES TROIS RÈGLES D'OR POUR MANGER CE QUE VOUS VOULEZ ET MAINTENIR VOTRE GLYCÉMIE À UN NIVEAU BAS 94

PEUT-ON MÊME PERDRE DU POIDS ? 98

Ces aliments sont bons, sains et particulièrement adaptés aux diabétiques ou à ceux qui veulent contrôler leur glycémie. Il n'est pas nécessaire de les consommer tous les jours, mais si vous commencez à les introduire dans votre alimentation, vous vous sentirez progressivement mieux, vous perdrez du poids et vous contrôlerez mieux votre insuline.

Pourquoi, si j'ai une glycémie élevée, me donnez-vous des recettes à base de glucides ?

Dans ce livre, vous trouverez des recettes dans lesquelles vous pouvez également consommer des glucides. Nous vous recommandons d'utiliser principalement des farines à faible
faible ou moyen indice glycémique. Et d'ailleurs, si vous vous trouvez dans la situation de consommer également des aliments tels que des pommes de terre au lieu de
pommes de terre au lieu de patates douces, ou de la farine blanche au lieu de farine, par exemple de pois chiches, vous pouvez toujours vous rattraper.
Je vous recommande de lire l'intégralité du livre avant de préparer vos recettes préférées. Par ailleurs, si vous souhaitez en savoir plus
plus sur la façon de maintenir votre glycémie à un niveau bas sans avoir à renoncer à vos aliments préférés, je vous recommande de lire mon nouveau livre
Jeûne intermittent et ig bas.

Une vie savoureuse

Vous êtes diabétique ou potentiellement diabétique, ou vous voulez simplement garder votre glycémie sous contrôle lorsque vous mangez et vous ne voulez pas sacrifier le goût ? Ce livre est destiné à ceux qui veulent préparer des plats délicieux à partager et à déguster avec d'autres personnes sans aucun souci. Je vous montrerai à quel point il peut être facile de préparer vos plats préférés et même de nouveaux plats plus sains que jamais! Vous apprendrez également comment lire les étiquettes, quels sont les aliments sûrs et ceux qui pourraient être moins bons pour vous.

Vous n'avez plus à vous inquiéter de vous sentir privé ou affamé lorsque vous cuisinez. Avec ce livre de cuisine, vous ne ferez plus jamais de repas ennuyeux ! Il comprend des recettes comme le poulet au parmesan, les brochettes de crevettes enveloppées de bacon, et bien plus encore. Il contient également une section entière consacrée aux desserts - des brownies faits maison, par exemple ? Les possibilités sont infinies !

La faim ! Quoi d'autre ?

La meilleure façon d'éviter les fringales en période de jeûne imprévu est d'avoir un garde-manger bien garni. Faites des réserves de ces articles et vous ne serez jamais coincé sans rien à manger :

Pâtes, riz, haricots ou pois chiches en conserve (haricots garbanzo), beurre d'arachide, croûtes de pain de blé entier, légumes congelés comme les pois et le maïs qui peuvent être mis directement du congélateur à l'eau bouillante pour un plat d'accompagnement facile sans aucun travail de préparation. Il est important de ne pas laisser votre régime alimentaire en pâtir, car lorsque nous avons faim, notre corps ne brûle pas les graisses aussi efficacement, ce qui signifie que la perte de poids s'arrête ou ralentit encore plus qu'avant !

Liste du garde-manger

Ayez un certain nombre de ces produits à portée de main à tout moment. Utilisez-les comme ingrédients principaux ou complémentaires de vos repas, mais aussi comme en-cas !

Pomme
Framboises
Framboises
Fraises
Myrtilles
Saumon sauvage
Aiglefin
Thon
Espadon
Maquereau
Avocats
Chocolat noir (75 % et plus)
Oignons rouges
Carottes
Yaourt grec
Avoine
Cannelle
Curcuma
Légumes-feuilles
Ail
Graine de lin
Noix
Huile d'olive
Huile de noix de coco
Poivrons
Café noir
Jus vert

Quelle quantité dois-je manger ?

Un repas équilibré doit comporter une variété de nutriments. Vous obtiendrez des protéines, des graisses et des glucides à chaque repas si vous utilisez des céréales complètes comme le riz brun ou le quinoa avec des légumes comme le brocoli ou les haricots verts en plus des fruits de mer (ou des œufs) pour vos protéines. Remplissez le reste de votre assiette en ajoutant des produits laitiers sains comme le yaourt et le fromage qui sont riches en calcium pour aider à garder des os solides tout en suivant un régime à base de plantes riche en fibres provenant de légumes comme les carottes, les poivrons, les concombres et le chou-fleur ; des fruits comme les baies peuvent également être ajoutés pour leurs bienfaits sur la santé cardiaque !

➢ ¼ des glucides de l'assiette - baies, pois, lentilles, céréales complètes (sans sucre), avoine, quinoa.
➢ ½ assiette de légumes non féculents - brocoli, haricots verts, asperges, poivrons, carottes, concombres, oignons et chou-fleur.
➢ ¼ d'assiette de protéines saines - fruits de mer, œufs, edamame, produits laitiers et yaourts à faible teneur en matières grasses, poulet ou dinde, thon, haricots et produits de soja (tofu).

En suivant ce schéma de base, vous pouvez composer un délicieux repas avec de nombreux aliments variés et savoureux. Le livre contient également des recettes qui vous permettront de substituer des ingrédients pour changer les plats et votre menu !

Par exemple, s'il n'y a pas de pommes de terre disponibles pour le plat d'œufs au fromage et aux pommes de terre, essayez de les remplacer par des patates douces ou des betteraves. Ou utilisez des courgettes ou des courges musquées pour une autre délicieuse variation sur le même thème. N'ayez pas peur de mélanger les choses en déplaçant les groupes alimentaires selon les besoins !

Ce guide est le moyen idéal pour que vous ne vous inquiétiez plus jamais de votre régime alimentaire. Il contient toutes les recettes et les instructions pour préparer des repas sains pendant un jeûne ou lorsque vous souffrez de diabète.

C'est une tâche difficile que de cuisiner pour une personne diabétique. Vous seriez sage non seulement en suivant les instructions soigneusement mais également mettre dans la considération quelques extrémités de sorte que vous puissiez préparer les plats et les nourritures sains sans faire n'importe qui se sentent comme ils sont privés de la saveur ou des restrictions sur leur régime.

LA FARINE

Si vous souffrez d'hyperglycémie ou de diabète, vous savez qu'il est très important de faire attention aux aliments que vous mangez.
L'un des aliments à surveiller est la **farine**, un ingrédient de base pour de nombreuses recettes.
Les farines adaptées aux diabétiques sont celles qui ont un faible indice glycémique - IG - c'est-à-dire celles qui n'induisent pas de
la production d'insuline n'entraîne pas d'augmentation du taux de sucre dans le sang.
Découvrons ensemble quelles sont les meilleures farines pour maintenir l'indice glycémique à un niveau bas.

Qu'est-ce que l'indice glycémique ?

L'indice glycémique est une mesure de la vitesse à laquelle un aliment augmente notre taux de sucre dans le sang.
dans le sang.

Les aliments à indice glycémique élevé, ou IG, sont rapidement digérés et absorbés, ce qui entraîne une augmentation rapide de la glycémie.
de la glycémie. Les aliments qui se situent à un niveau élevé sur l'échelle IG sont souvent - mais pas toujours - les suivants
riche en hydrates de carbone et en sucres transformés.
Les biscuits salés, par exemple, ont un indice glycémique assez élevé.
Le glucose est le principal sucre sanguin, il provient des aliments ingérés et constitue la principale source d'énergie de l'organisme, transporté par la circulation sanguine.
dans le corps, transporté par le sang vers toutes les cellules de l'organisme.

La glycémie à jeun (taux de sucre dans le sang) est normalement la plus basse le matin, avant le petit-déjeuner,
mais se lèvent toujours après les repas pendant quelques heures environ. La consommation d'alcool provoque également une augmentation initiale
de la glycémie, suivie d'une tendance à la baisse des valeurs.

Avant d'analyser les farines les plus adaptées aux personnes souffrant d'hyperglycémie, il est bon de savoir que la farine de type 0 est de loin la moins adaptée.

La farine de type 0 est de loin la moins adaptée aux diabétiques, car elle présente un indice glycémique élevé et est principalement composée de glucides simples.

Les aliments ayant un indice glycémique élevé stimulent une production accrue d'insuline, entraînant une augmentation de la glycémie, une prise de poids et prédisposant également au développement de des maladies métaboliques et du diabète.

N'oubliez pas que la composition des repas est également importante, c'est-à-dire la combinaison de plats à base de farine et d'aliments

qui sont capables de contrôler l'indice glycémique comme, par exemple, les légumineuses, l'huile d'olive, le yaourt et certains produits à base de plantes.

des épices comme la cannelle et le curcuma. En outre, contrairement à la farine de type 0, c'est-à-dire la farine raffinée, les produits

fabriqués à partir de farines à faible IG sont assimilés plus lentement par l'organisme, ils contribuent donc à limiter les pics glycémiques qui peuvent surcharger l'organisme.

des pics glycémiques qui peuvent surcharger le pancréas et ralentir le métabolisme.

Les meilleures farines ayant un indice glycémique plus faible sont les suivantes :

FARINES À IG BAS

Farine de banane verte* = IG 15
Farine de lupin* = IG 15
Farine de caroube* = IG 15
Farine de noisette* = GI 20
Farine d'amande* = GI 20
Farine de pois cassés* (petits pois) = GI 25
Farine de soja* = IG 25
Farine de lentille verte* = IG 30
Farine d'orge mondé (orge non transformée) = GI 30
Farine de lentilles brunes et jaunes* = GI 35
Farine de coco* = IG 35
Farine de pois-chiche* = IG 35
Farine de souchet* (amande de terre) = GI 35

* Farine sans gluten.

FARINES À IG MOYEN

Farine de quinoa* = IG 40
Farine de petit épeautre / farine d'engrain (intégrale) = GI 40
Farine d'amarante* = GI 40
Farine de chanvre* = GI 45
Farine de teff* = IG 45
Farine de blé (intégrale T150) = GI 45
Farine d'épeautre (intégrale) = GI 45
Farine de farro / farine d'amidonnier (intégrale) = IG 45
Farine de kamut (intégrale) = GI 45
Farine d'avoine = IG 50
Farine de pomme de terre douce* = IG 50
Farine de sarrasin / farine de blé noir (intégrale)* = GI 50
Farine de seigle (intégrale) = GI 50
Farine de fonio* = GI 55
Farine de pépins de raisin* = IG 55
Farine de blé (complète T130) = IG 60

* Farine sans gluten.

FARINES À IG ÉLEVÉ

Farine de blé (semi-complète T110) = IG 65
Farine de châtaigne, de marron* = IG 65
Farine d'épeautre (raffinée) = GI 65
Farine de sorgho* = IG 65
Farine de maïs* = IG 70
Farine de millet* = IG 70
Farine de riz* (complète) = IG 75
Fécule de maïs* (amidon de maïs type maïzena) = GI 85
Farine de manioc / tapioca* = IG 85
Farine de blé (blanche T45) = GI 85
Farine d'arrow-root* = IG 95
Farine de riz* (raffinée) = GI 95

* Farine sans gluten.

Les recettes ne précisent pas toujours le type de farine à utiliser, ce qui signifie que vous êtes libre de choisir votre farine préférée dans le tableau des farines à faible IG.
D'après notre expérience, nous recommandons la farine de pois chiches ou la farine de sarrasin car ce sont les farines les plus idéales pour la fabrication de pains plats.
Les farines les plus idéales pour la fabrication de focaccia, de pain et de pizza.

Qui devrait consommer des farines à faible indice glycémique ?

L'indice glycémique des farines doit être faible pour toutes les personnes souffrant de maladies métaboliques et de troubles de l'alimentation.
le diabète de type II. Les préparations à base de ce type de farine offrent un régime complet, diététique et sain.
En plus d'essayer de maintenir la glycémie à un niveau bas en mangeant, il est important de surveiller la glycémie plusieurs fois.
tout au long de la journée. Cela doit être fait non seulement pour les personnes atteintes de diabète, mais aussi pour celles qui sont en surpoids et
ont besoin de perdre du poids et de se remettre en forme.

PÂTE SIMPLE

Ingrédients

- 400 g de farine de kamut
- 4 œufs
- 2 cuillères à soupe d'huile d'olive
- 1 cuillère à café de sel de mer

Versez tous les ingrédients dans un robot culinaire et pétrissez jusqu'à l'obtention d'un mélange granuleux. Prenez la pâte, formez une boule avec vos mains et placez-la sur un plan de travail légèrement fariné. Pétrissez jusqu'à ce que la pâte soit lisse et élastique. Ajoutez un peu de farine si elle est trop collante ou humide. Enveloppez la pâte dans un film plastique et laissez-la reposer à température ambiante pendant 30 minutes.

Utilisez-la immédiatement ou conservez-la au réfrigérateur pendant une journée maximum.

PRÉPARER UNE PIZZA SANTÉ

Ingrédients

- 470g farine de kamut
- 6 œufs
- 1 cuillère à café
- levure chimique
- 1 cuillère à café
- sel
- 1 cuillère à café
- poivre noir
- 100g sauce tomate
- 300 g mozzarella hachée
- 100 g salami épicé
- 50 g huile d'olive

Prenez la farine de kamus ou les amandes blanchies et réduisez-les en farine. Placez l'huile d'olive et les œufs dans le bol. Mélangez pendant environ 1 minute. Dans un autre bol, ajoutez la farine , la farine, la levure chimique, le sel et le poivre noir. Mélangez. Incorporez délicatement le mélange à l'huile. Mélangez jusqu'à ce qu'une pâte ferme se forme. Formez une boule avec la pâte et placez-la sur une feuille de papier sulfurisé. Badigeonnez le dessus de la pâte d'huile d'olive. Recouvrez d'une deuxième feuille de papier sulfurisé. Aplatissez la pâte. Coupez les bords, si nécessaire, et transférez la pâte sur une plaque de cuisson. Faites cuire pendant 10 minutes à 180° dans un four préchauffé.

Étaler la sauce tomate sur la pizza, saupoudrer le bord de fromage et ajouter le pepperoni au milieu. Faites cuire pendant 10 minutes à 180° jusqu'à ce que le fromage commence à noircir.

LE PAIN FAIT MAISON

Au lieu d'un seul pain, on peut faire des petits pains en divisant la pâte levée en plusieurs parties et en les laissant lever à nouveau pendant une demi-heure. Ce pain, moelleux et parfumé, est excellent en accompagnement d'un repas ou au petit-déjeuner avec de la confiture ou d'autres pâtes à tartiner.

LE PAIN

Ingrédients

- 500 mg Farine de sarrasin
- 295 ml d'eau
- 2 g de sel
- Un demi-sachet de levure de bière sèche
- 3 cuillères à soupe d'huile d'olive extra vierge

Mélangez la farine avec la levure et l'huile dans un bol. Ajoutez le sel et, petit à petit, l'eau tiède.
Incorporez l'eau, puis versez le mélange sur la planche et pétrissez bien, pendant au moins 5 minutes.
Transférer la pâte dans un moule (j'utilise un moule à plumcake ou un moule à gâteau en silicone) et la laisser lever pendant environ deux heures.
Faites cuire le pain à 200 degrés pendant 15 minutes, puis baissez à 180 degrés pendant 15 autres minutes et à 160 degrés pendant 10 autres minutes.
Laissez bien refroidir le pain avant de le démouler.

PÂTES À LA TOMATE ET AU BACON

Ingrédients

- Bacon ou lard
- Tomates fraîches ou pelées
- Huile d'olive
- Ail
- Oignon
- Spaghetti de kamut
- Épices
- Sel et poivre au goût

Portez l'eau à ébullition et ajoutez le sel. Faites cuire les pâtes al dente. Pendant ce temps, faites chauffer l'huile dans une poêle et ajoutez la viande. Ajouter l'ail et l'oignon et faire cuire jusqu'à ce que l'oignon et le bacon soient dorés. Versez environ 100 ml d'eau de cuisson dans la poêle.

Il existe de nombreux aliments qui sont sains pour les personnes qui font attention au diabète ou au maintien d'un IG bas. Ces aliments sont riches en fibres, ont un faible indice glycémique et fournissent des antioxydants. Ils ne provoquent pas non plus de pics de glycémie, ce qui en fait un bon choix pour les diabétiques qui veulent quand même profiter des sucreries.

Il est important d'avoir une alimentation saine. Cela signifie qu'il faut manger beaucoup de fruits et de légumes frais, de céréales complètes, d'aliments protéinés pauvres en graisses et de graisses insaturées. Voici quelques-uns des meilleurs aliments à consommer si vous êtes diabétique

Les flocons d'avoine : Les flocons d'avoine sont riches en fibres et à faible indice glycémique, ce qui peut aider à réduire le taux de sucre dans le sang. Ajoutez quelques fruits frais pour une douceur supplémentaire

Amandes : Riches en graisses saines et en protéines, les amandes sont une excellente collation qui ne fera pas monter en flèche votre taux de sucre dans le sang

Patates douces : Légume-racine hautement nutritif et à faible indice glycémique, la patate douce vous rassasie plus longtemps et ne provoque pas de pics de glycémie. Selon le type et le processus de cuisson, les patates douces peuvent avoir un IG moyennement bas. Les patates douces cuites au four ont généralement un IG beaucoup plus élevé que celles qui sont bouillies, en raison de la façon dont les amidons se gélifient pendant la cuisson.

Baies : Non seulement les baies fournissent des antioxydants, mais elles contiennent également des sucres naturels, ce qui en fait un bon choix pour les diabétiques qui ont encore envie de sucreries

POMMES DE TERRE RÔTIES À L'AIL ET AUX HERBES

Ingrédients

- 4 grosses pommes de terre, épluchées et coupées en dés
- 2 cuillères à soupe d'huile d'olive
- 1 cuillère à café de thym séché
- 1/2 cuillère à café d'ail en poudre
- 1/4 cuillère à café de sel
- Poivre noir fraîchement moulu, au goût
- 1/4 de tasse de feuilles de persil frais hachées

Préchauffer le four à 400 degrés F (200 degrés C) Dans un grand bol, combiner les pommes de terre, l'huile d'olive, le thym, la poudre d'ail, le sel et le poivre. Transférer dans un plat à four graissé. Faire cuire dans le four préchauffé pendant 25 minutes ou jusqu'à ce que les pommes de terre soient tendres et dorées. Saupoudrer de feuilles de persil frais avant de servir.

QUINOA MEXICAIN FACILE À PRÉPARER EN UNE SEULE FOIS

Ingrédients

- 1 cuillère à soupe d'huile d'olive
- 1/2 oignon blanc, coupé en dés
- 1 poivron rouge, coupé en dés
- 1 tasse de quinoa, rincé et égoutté
- 2 tasses de bouillon de légumes ou d'eau
- 1 boîte de haricots noirs (15 oz), rincés et égouttés
- 1/2 c. à thé de poudre de chili
- 1/4 cuillère à café de cumin moulu
- 1/4 cuillère à café de poudre d'ail
- 1/4 cuillère à café de sel
- Poivre noir fraîchement moulu, au goût
- 1/2 tasse de fromage cheddar râpé
- 1/2 tasse de feuilles de coriandre fraîche hachées

Chauffer l'huile d'olive dans une grande casserole à feu moyen. Ajouter l'oignon et le poivron, et faire cuire jusqu'à ce qu'ils soient ramollis, environ 5 minutes. Incorporer le quinoa, le bouillon de légumes ou l'eau, les haricots noirs, la poudre de chili, le cumin, la poudre d'ail et le sel. Porter à ébullition à feu vif. Réduire le feu à doux et laisser mijoter pendant 15 minutes. Incorporer le fromage et la coriandre. Servir immédiatement.

POULET BARBECUE AU MIEL ET LÉGUMES À LA POÊLE

Ingrédients

- 4 poitrines de poulet désossées et sans peau (environ 1 lb)
- 1/2 c. à thé de poudre d'ail
- 1/4 c. à thé de sel
- Poivre noir fraîchement moulu, au goût
- 1 cuillère à soupe d'huile d'olive
- 1/2 oignon blanc, coupé en dés
- 1 poivron rouge coupé en dés
- 1 tasse de sauce barbecue
- 1/4 de tasse de miel
- 1/4 de tasse de bouillon de légumes ou d'eau
- 1 cuillère à café de paprika fumé

Préchauffer le four à 375 degrés F (190 degrés C). Assaisonner les poitrines de poulet avec la poudre d'ail, le sel et le poivre. Faire chauffer l'huile d'olive dans une grande poêle allant au four à feu moyen-élevé. Ajouter le poulet et le faire cuire pendant environ 2 minutes par côté, jusqu'à ce qu'il soit doré. Retirer de la poêle et mettre de côté. Ajouter l'oignon et le poivron dans la poêle et cuire jusqu'à ce qu'ils soient ramollis, environ 5 minutes. Incorporer la sauce barbecue, le miel, le bouillon de légumes ou l'eau et le paprika fumé. Porter à ébullition à feu vif. Remettre le poulet dans la poêle. Transférer dans le four préchauffé et cuire pendant 20 minutes, ou jusqu'à ce que le poulet soit bien cuit.

NACHOS AUX COURGETTES GRILLÉES

Ingrédients

- 1 grande courgette, coupée en quatre dans le sens de la longueur
- 1 cuillère à soupe d'huile d'olive
- 1/4 cuillère à café de poudre d'ail
- 1/4 cuillère à café de sel
- Poivre noir fraîchement moulu, au goût
- 1 tasse de fromage cheddar râpé
- 1/2 tasse de feuilles de coriandre fraîche hachées

Préchauffer le gril à feu moyen-élevé

Dans un grand bol, mélanger les courgettes avec l'huile d'olive, la poudre d'ail, le sel et le poivre. Faire griller pendant environ 2 minutes par côté, jusqu'à ce qu'elles soient légèrement carbonisées et tendres. Retirer du gril et laisser refroidir légèrement

Déposer les courgettes sur un grand plateau. Saupoudrer de fromage et de coriandre. Servir immédiatement.

FRITES DE PATATE DOUCE CROUSTILLANTES AU FOUR AVEC AÏOLI AU CHIPOTLE

Ingrédients

- 2 grosses patates douces, coupées en frites de 1/4 de pouce d'épaisseur
- 1 cuillère à soupe d'huile d'olive
- 1 cuillère à café de paprika fumé
- 1/4 de cuillère à café d'ail en poudre
- 1/4 cuillère à café de sel
- Poivre noir fraîchement moulu, au goût
- Pour l'aïoli au chipotle
- 1/2 tasse de mayonnaise
- 1 cuillère à soupe de jus de citron vert
- 1 cuillère à café de piment chipotle, émincé

Préchauffer le four à 425 degrés F (220 degrés C). Placer les patates douces dans un grand bol et mélanger avec l'huile d'olive, le paprika fumé, la poudre d'ail et le sel. Étendre les patates douces sur une plaque de cuisson recouverte de papier sulfurisé et faites cuire au four pendant 25 minutes, en retournant à mi-cuisson.

Pendant ce temps, préparer l'aïoli au chipotle. Dans un petit bol, mélanger au fouet la mayonnaise, le jus de citron vert et le piment chipotle. Servir les frites de patate douce avec l'aïoli au chipotle. Bon appétit !

CHILI VÉGÉTARIEN AUX HARICOTS NOIRS EN 30 MINUTES

Ingrédients

- 1 cuillère à soupe d'huile d'olive
- 1 oignon blanc, coupé en dés
- 3 gousses d'ail, émincées
- 1 poivron rouge coupé en dés
- 1 poivron vert coupé en dés
- 1 piment jalapeño, coupé en dés
- 2 cuillères à soupe de poudre de chili
- 1 cuillère à café de cumin
- 1 cuillère à café de paprika fumé
- 1/2 cuillère à café d'origan
- 1/4 cuillère à café de sel
- Poivre noir fraîchement moulu, au goût
- 2 boîtes de haricots noirs, égouttés et rincés
- 1 boîte de maïs, égoutté
- 3 tasses de bouillon de légumes ou d'eau
- 1 boîte (14,5 oz) de tomates en dés, non égouttées

Faites chauffer l'huile d'olive dans une grande casserole à feu moyen. Ajouter l'oignon et l'ail et faire cuire jusqu'à ce qu'ils soient ramollis. Ajouter les poivrons et le piment jalapeno et faire cuire jusqu'à ce qu'ils soient tendres. Incorporer la poudre de chili, le cumin, le paprika fumé, l'origan, le sel et le poivre noir. Ajouter les haricots noirs, le maïs et le bouillon de légumes ou l'eau. Porter à ébullition à feu vif. Réduire le feu à doux et laisser mijoter pendant 30 minutes. Servir immédiatement.

GNOCCHI À LA POÊLE AVEC DES TOMATES ÉCLATÉES

Ingrédients

- 1 1/2 lb (750 g) de gnocchi
- 1/4 tasse (60 ml) d'huile d'olive
- 1/2 cuillère à café d'ail en poudre
- 1/4 cuillère à café de sel
- Poivre noir fraîchement moulu, au goût
- 240 ml (1 tasse) de sauce tomate
- 1/2 tasse (120 ml) de fromage parmesan râpé

Amener une grande casserole d'eau salée à ébullition à feu vif. Ajouter les gnocchi et faire cuire pendant 2 minutes, ou jusqu'à ce qu'ils remontent à la surface. Égoutter dans une passoire. Transférer dans un grand bol et ajouter l'huile d'olive, la poudre d'ail, le sel et le poivre. Mélanger pour combiner le tout.

Dans une poêle moyenne, faire chauffer la sauce tomate à feu moyen. Ajouter les gnocchi et cuire pendant 2 minutes, ou jusqu'à ce qu'ils soient bien chauds. Servir immédiatement avec du fromage parmesan. Savourer !

CURRY THAÏLANDAIS À LA NOIX DE COCO SAIN

Ingrédients

- 1 cuillère à soupe d'huile d'olive
- 1 oignon blanc, coupé en dés
- 3 gousses d'ail, émincées
- 1 poivron rouge coupé en dés
- 1 poivron vert coupé en dés
- 1 piment jalapeño, coupé en dés
- 2 cuillères à soupe de pâte de curry rouge thaïlandaise
- 1 cuillère à café de cumin
- 1 cuillère à café de paprika fumé
- 1/2 cuillère à café d'origan
- 1/4 cuillère à café de sel
- Poivre noir fraîchement moulu, au goût
- 2 boîtes de lait de coco, divisées
- 1 boîte (14,5 oz) de tomates en dés, non égouttées
- 3 cuillères à soupe de sauce de poisson
- 3 cuillères à soupe de sucre brun
- 2 cuillères à soupe de jus de citron vert frais
- 4 tasses de riz basmati cuit

Faire chauffer l'huile d'olive dans une grande casserole à feu moyen. Ajouter l'oignon et l'ail et faire cuire jusqu'à ce qu'ils soient ramollis. Ajouter les poivrons et le piment jalapeno et faire cuire jusqu'à ce qu'ils soient tendres. Incorporer la pâte de curry rouge thaï, le cumin, le paprika fumé, l'origan, le sel et le poivre noir. Ajouter 1 boîte de lait de coco et les tomates en dés. Portez à ébullition à feu vif. Réduire le feu à doux et laisser mijoter pendant 30 minutes. Incorporer la sauce de poisson, la cassonade et le jus de citron vert frais. Laisser mijoter pendant 10 minutes supplémentaires. Servir sur du riz basmati cuit. Bon appétit !

SAUMON AU POIVRE ET AU CITRON AVEC DES ASPERGES

Ingrédients

- 4 filets de saumon (6 onces)
- 1 1/2 cuillère à café de poivre noir fraîchement moulu
- 1 cuillère à café de sel kasher
- 1/4 cuillère à café de poudre d'ail
- 3 cuillères à soupe d'huile d'olive extra-vierge, divisées
- 1 livre d'asperges, parées
- 1/2 tasse de jus de citron fraîchement pressé
- 2 cuillères à soupe de feuilles de persil frais hachées

1. Préchauffer le four à 400°F
2. Saupoudrer le saumon de poivre, de sel et de poudre d'ail. Chauffer une grande poêle allant au four à feu moyen-élevé. Ajouter 2 cuillères à soupe d'huile à la poêle ; remuer pour enrober. Ajouter le saumon dans la poêle ; cuire 3 minutes de chaque côté ou jusqu'à ce qu'il soit bruni. Retirer du feu
3. Disposer les asperges dans la poêle autour du saumon ; arroser avec le reste de l'huile (1 c. à soupe). Cuire au four à 400 °F pendant 10 minutes ou jusqu'à ce que les asperges soient tendres et que le saumon soit bien cuit
4. Verser le jus de citron et le persil sur le dessus ; servir immédiatement.

BROWNIES AU NUTELLA EN 5 INGRÉDIENTS

Ingrédients

- 1/2 tasse (120 ml) de Nutella
- 1/4 tasse (60 ml) de beurre non salé, fondu
- 1/2 tasse (50 grammes) de farine tout usage
- 1/4 cuillère à café de sel
- 3/4 tasse (150 grammes) de sucre
- 2 oeufs

1. Préchauffer le four à 350°F. Graisser un plat de cuisson de 8x8 pouces avec du beurre ou un spray de cuisson
2. Dans un bol moyen, combiner le Nutella, le beurre, la farine et le sel. Remuer jusqu'à ce que le tout soit bien combiné
3. Ajouter le sucre et les œufs ; bien mélanger
4. Verser la pâte dans le plat de cuisson préparé. Cuire au four pendant 20 à 25 minutes ou jusqu'à ce qu'un cure-dent inséré au centre en ressorte propre. Laisser refroidir complètement avant de couper en carrés

RIZ FRIT TERIYAKI À L'ANANAS

Ingrédients

- 4 cuillères à soupe d'huile végétale, divisées
- 1 petit oignon, coupé en dés
- 1 poivron rouge, coupé en dés
- 1/2 cuillère à café de sel
- 1/4 cuillère à café de poivre noir
- 2 tasses de riz blanc cuit
- 1/2 tasse de sauce teriyaki
- 1/2 tasse de morceaux d'ananas, égouttés
- 1 oignon vert, tranché finement

1. Chauffer 2 cuillères à soupe d'huile dans une grande poêle à feu moyen-élevé. Ajouter l'oignon et le poivron. Faire cuire jusqu'à ce qu'ils soient tendres. Assaisonner de sel et de poivre noir
2. Ajouter le riz et la sauce teriyaki dans la poêle. Faire cuire jusqu'à ce que le riz soit bien chaud. Incorporer les morceaux d'ananas et l'oignon vert
3. Faire chauffer les 2 cuillères à soupe d'huile restantes dans la poêle. Ajouter le mélange de riz dans la poêle. Faire cuire jusqu'à ce que le riz soit bruni et croustillant

BOUCHÉES ÉNERGÉTIQUES AU CHOCOLAT ET AU BEURRE DE CACAHUÈTE SANS CUISSON

Ingrédients

- 1/2 tasse de beurre de cacahuète crémeux
- 1/4 de tasse de miel
- 1/2 cuillère à café d'extrait de vanille
- 1 tasse de flocons d'avoine
- 3/4 de tasse de céréales Rice Krispies
- 1/2 tasse de pépites de chocolat mi-sucré

1. Tapisser une plaque à pâtisserie de papier parchemin. Mettre de côté
2. Dans un bol moyen, combiner le beurre d'arachide, le miel et l'extrait de vanille. Remuer jusqu'à ce que le tout soit bien combiné
3. Ajouter l'avoine, les céréales Rice Krispies et les grains de chocolat dans le bol. Mélanger jusqu'à ce qu'ils soient bien combinés
4. À l'aide d'une cuillère ou de vos mains, façonner le mélange en boules de 1 pouce. Déposer les boules sur la plaque à pâtisserie préparée
5. Réfrigérer pendant au moins 1 heure avant de servir

BOL DE SMOOTHIE AUX FRAISES ET À LA BANANE

Ingrédients

- 1 1/2 tasse de fraises fraîches coupées en tranches
- 1 banane coupée en tranches
- 1 tasse de yogourt à la vanille faible en gras
- 1/4 de tasse de miel
- 1/4 cuillère à café d'extrait de vanille
- 4 cuillères à soupe de granola
- 4 cuillères à soupe de fraises fraîches hachées

1. Dans un mélangeur, combinez 1 tasse de fraises tranchées, la banane, le yogourt, le miel et l'extrait de vanille. Mélangez jusqu'à obtenir un mélange homogène
2. Versez le mélange dans 4 bols. Garnissez chaque bol d'une cuillère à soupe de granola, de 2 cuillères à soupe de fraises coupées et de fraises tranchées supplémentaires si vous le souhaitez
3. Servez immédiatement

TRANCHES AU BEURRE DE CACAHUÈTE ET AU JUS DE FRUIT

Ingrédients

- 4 tranches de pain, sans croûte
- 1/4 de tasse de beurre de cacahuète
- 1/2 tasse de jus de fruits

1. Préchauffer le four à 375 degrés F (190 degrés C)
2. Étendre le beurre d'arachide sur chaque tranche de pain. Roulez les tranches et placez-les dans un plat à four de 8x8 pouces
3. Versez le jus de fruits sur les rouleaux. Faites cuire pendant 20 minutes dans le four préchauffé, ou jusqu'à ce qu'ils soient dorés

ROULÉS DE DINDE ET DE BACON GRILLÉS AVEC SAUCE CRÉMEUSE À L'ANETH

Ingrédients

- 4 petits pains hoagie
- 1/2 livre de poitrine de dinde finement tranchée
- 1/2 livre de bacon, coupé en morceaux de 1 pouce
- 1/2 tasse de mayonnaise
- 1/4 tasse de crème sure
- 1 cuillerée à soupe d'aneth frais haché

1. Préchauffer le gril à feu moyen-élevé
2. Faire griller la dinde et le bacon jusqu'à ce qu'ils soient bien cuits. Retirer du gril et laisser refroidir légèrement
3. Dans un petit bol, mélanger la mayonnaise, la crème sure et l'aneth. Mettre de côté
4. Couper les petits pains hoagie en deux, dans le sens de la longueur. Étendre la sauce crémeuse à l'aneth sur le fond de chaque rouleau. Superposer la dinde grillée et le bacon
5. Replacer le dessus du rouleau et servir immédiatement

SALADE DE QUINOA MÉDITERRANÉENNE

Ingrédients

- 1/2 tasse de quinoa non cuit
- 1 tasse de bouillon de légumes
- 1 poivron rouge coupé en dés
- 1/2 tasse de concombre en dés
- 1/4 de tasse d'olives Kalamata hachées
- 1/4 de tasse de fromage feta émietté
- 1 cuillère à soupe de jus de citron fraîchement pressé
- 1 cuillère à soupe d'huile d'olive
- 1 gousse d'ail émincée
- 1 cuillère à café de feuilles d'origan séchées
- 1/4 cuillère à café de poivre noir fraîchement moulu

1. Rincez le quinoa dans une passoire à mailles fines sous l'eau froide courante. Egouttez-le bien
2. Dans une casserole moyenne, portez le bouillon de légumes à ébullition à feu vif. Ajouter le quinoa rincé et porter à ébullition. Baissez le feu à moyen-doux et laissez mijoter pendant 12 minutes. Retirez du feu et laissez refroidir complètement
3. Dans un grand bol, combinez le quinoa cuit, le poivron, le concombre, les olives, le fromage feta, le jus de citron, l'huile d'olive, l'ail et les feuilles d'origan. Remuez jusqu'à ce que tout soit bien mélangé
4. Assaisonner de sel et de poivre, au goût
5. Servir à température ambiante ou au frais

LONGE DE PORC AU MIEL ET À LA MOUTARDE

Ingrédients

- 4 côtelettes de longe de porc, de 1 pouce d'épaisseur
- 1/4 tasse de moutarde de Dijon
- 1/4 de tasse de miel
- 1 cuillère à café de feuilles de thym séchées
- 1/4 cuillère à café de poivre noir fraîchement moulu

1. Préchauffez le four à 425 degrés F (220 degrés C)
2. Dans un petit bol, mélanger la moutarde de Dijon, le miel, les feuilles de thym et le poivre. Mettre de côté
3. Placer les côtelettes de porc sur une plaque à pâtisserie. Étendre le mélange de miel et de moutarde sur le dessus de chaque côtelette
4. Faire cuire au four préchauffé pendant 20 minutes, ou jusqu'à ce que les côtelettes soient légèrement rosées au centre et que le jus soit clair

HARICOTS VERTS SAUTÉS EN TOUTE SIMPLICITÉ

Ingrédients

- 1/2 livre de haricots verts, parés
- 1 cuillère à soupe d'huile d'olive
- 1/4 cuillère à café de sel
- 1/4 cuillère à café de poivre noir fraîchement moulu

1. Dans une grande casserole, porter l'eau à ébullition à feu vif. Ajouter les haricots verts et les faire blanchir pendant 2 minutes. Retirer du feu et égoutter
2. Dans une grande poêle, faire chauffer l'huile d'olive à feu moyen-élevé. Ajouter les haricots verts, le sel et le poivre. Faire sauter pendant 3 minutes, ou jusqu'à ce que les haricots soient croustillants et tendres
3. Servir immédiatement

CASSEROLE DE RIZ AU BROCOLI ET AU FROMAGE

Ingrédients

- 1/4 de tasse de beurre
- 1/4 de tasse de farine tout usage
- 1/2 cuillère à café de sel
- 1/4 cuillère à café de poivre noir
- 1 tasse de lait
- 2 tasses de fromage cheddar râpé
- 3 tasses de fleurons de brocoli cuits
- 2 tasses de riz blanc cuit

1. Préchauffer le four à 350 degrés F (175 degrés C). Graisser un plat à four de 9x13 pouces
2. Dans une casserole moyenne, faire fondre le beurre à feu moyen. Incorporer la farine, le sel et le poivre jusqu'à ce que le mélange soit homogène. Incorporer graduellement le lait. Porter à ébullition en remuant constamment. Faire cuire en remuant pendant 2 minutes
3. Retirer du feu. Incorporer le fromage cheddar jusqu'à ce qu'il soit fondu
4. Étendre la moitié de la sauce au fromage sur le fond du plat de cuisson préparé
5. Superposer la moitié du brocoli, la moitié du riz blanc et un quart de la sauce restante
6. Répétez les couches une fois
7. Faire cuire au four préchauffé pendant 25 minutes, ou jusqu'à ce que la sauce bouillonne

CHIPS AUX POMMES À LA CANNELLE

Ingrédients

- 4 pommes, de préférence des pommes Granny Smith
- 1/4 de tasse de sucre
- 1 cuillère à café de cannelle moulue

1. Préchauffer le four à 200 degrés F (95 degrés C). Recouvrir une plaque à pâtisserie de papier sulfurisé
2. Peler et couper les pommes en tranches très fines, à l'aide d'une mandoline ou d'un couteau bien aiguisé. Jeter les trognons
3. Dans un petit bol, mélanger le sucre et la cannelle. Saupoudrer les tranches de pommes et remuer pour les enrober
4. Disposer les tranches de pommes en une seule couche sur la plaque à pâtisserie préparée
5. Faire cuire au four préchauffé pendant 2 heures, ou jusqu'à ce que les chips soient sèches et croustillantes

SALADE DE POIRES, DE NOIX ET DE GORGONZOLA

Ingrédients

- 1/2 tasse de vinaigre balsamique
- 1/4 de tasse d'huile d'olive
- 1/4 cuillère à café de sel
- 1/4 cuillère à café de poivre noir fraîchement moulu
- 1 poire, évidée et coupée en dés
- 1/4 de tasse de moitiés de noix, grillées
- 1/4 tasse de fromage gorgonzola émietté

1. Dans un petit bol, fouetter ensemble le vinaigre balsamique, l'huile d'olive, le sel et le poivre. Mettre de côté
2. Dans un grand bol, combiner la poire, les moitiés de noix et le fromage gorgonzola. Arroser du mélange de vinaigre balsamique et mélanger pour enrober
3. Servir immédiatement

SAUCE BARBECUE MAISON À 3 INGRÉDIENTS

Ingrédients

- 1/2 tasse de ketchup
- 1/4 de tasse de vinaigre de cidre de pomme
- 1/4 de tasse de sucre brun

1. Dans une petite casserole, mélanger au fouet le ketchup, le vinaigre de cidre de pomme et la cassonade jusqu'à ce que le mélange soit homogène
2. Porter à ébullition à feu moyen-élevé, en remuant constamment
3. Réduire le feu à doux et laisser mijoter pendant 10 minutes, en remuant de temps en temps
4. Servir sur des viandes ou du poulet grillés

POULET AU MIEL ET À LA SRIRACHA POUR LA CUISSON LENTE

Ingrédients

- 4 poitrines de poulet désossées et sans peau
- 1/2 tasse de miel
- 1/4 de tasse de sauce sriracha
- 1 cuillère à soupe d'huile d'olive
- 1 cuillère à café de sel
- 1/2 cuillère à café de poivre noir fraîchement moulu

1. Dans un grand bol, mélanger au fouet le miel, la sauce sriracha, l'huile d'olive, le sel et le poivre jusqu'à obtenir un mélange homogène
2. Ajouter les poitrines de poulet dans le bol et les enrober du mélange de miel
3. Placez le poulet dans une mijoteuse. Cuire à feu doux pendant 6 à 8 heures ou à feu vif pendant 3 à 4 heures, ou jusqu'à ce qu'il soit bien cuit
4. Servir immédiatement

ORZO AU POULET GREC AU CITRON EN UNE SEULE CASSEROLE

Ingrédients

- 1/2 livre de pâtes orzo
- 1/4 de tasse d'huile d'olive
- 1 citron, avec son jus
- 1 cuillère à café de sel
- 1/4 cuillère à café de poivre noir fraîchement moulu
- 1 poulet rôti, peau enlevée et déchiqueté
- 1 tasse de fromage feta émietté
- 2 cuillères à soupe de feuilles de persil frais hachées

1. Préchauffer le four à 350 degrés F (175 degrés C). Graisser un plat à gratin avec un spray de cuisson
2. Dans une grande casserole d'eau bouillante salée, faire cuire les pâtes orzo selon les instructions de l'emballage pour qu'elles soient al dente. Égoutter les pâtes et les remettre dans la casserole
3. Ajouter l'huile d'olive, le jus de citron, le sel et le poivre aux pâtes et remuer jusqu'à ce que le tout soit bien mélangé
4. Ajouter le poulet râpé, le fromage feta et le persil aux pâtes et remuer jusqu'à ce que le tout soit bien mélangé
5. Verser le mélange dans le plat à gratin préparé. Faire cuire au four préchauffé pendant 25 minutes, ou jusqu'à ce que le mélange soit bien chaud

GRAUBERGINES GLACÉES AU BALSAMIQUE

Ingrédients

- 4 grandes aubergines, coupées en rondelles de 1/2 pouce
- 1/4 de tasse d'huile d'olive
- 1/2 tasse de vinaigre balsamique
- 1/4 de tasse de miel
- 1 cuillère à café de sel
- 1/2 cuillère à café de poivre noir fraîchement moulu

1. Préchauffer le four à 375 degrés F (190 degrés C). Graisser un plat de cuisson avec un aérosol de cuisson
2. Dans un grand bol, mélanger les tranches d'aubergine, l'huile d'olive, le vinaigre balsamique, le miel, le sel et le poivre jusqu'à ce qu'ils soient bien combinés
3. Verser le mélange dans le plat de cuisson préparé. Faire cuire au four préchauffé pendant 25 minutes, ou jusqu'à ce que l'aubergine soit tendre et nappée de sauce

PÂTES CRÉMEUSES AUX SAUCISSES ET AU PARMESAN EN 5 INGRÉDIENTS

Ingrédients

- 1/2 livre de saucisses italiennes, sans les boyaux
- 1/4 de tasse d'huile d'olive
- 1/2 tasse d'oignon haché
- 1 gousse d'ail, émincée
- 8 onces de pâtes penne non cuites
- 1 tasse de fromage parmesan râpé

1. Dans une grande poêle à feu moyen, faire cuire la saucisse, l'oignon et l'ail jusqu'à ce que la saucisse ne soit plus rose et que l'oignon soit translucide ; bien égoutter
2. Faire cuire les pâtes selon le mode d'emploi de l'emballage ; égoutter
3. Ajouter les pâtes, le mélange de saucisses, l'huile d'olive et le parmesan dans un grand bol ; mélanger
4. Servir immédiatement

SAUMON ET LÉGUMES AU MIEL ET À LA MOUTARDE À LA POÊLE

Ingrédients

- 4 filets de saumon
- 1 cuillère à soupe d'huile d'olive
- 1/2 cuillère à café de sel
- 1/4 cuillère à café de poivre noir fraîchement moulu
- 1/2 oignon doux, coupé en fines lamelles
- 1 poivron rouge, coupé en fines lamelles
- 1/4 de tasse de sauce moutarde au miel

1. Préchauffer le four à 400 degrés F (200 degrés C). Graisser une plaque à pâtisserie avec un spray de cuisson
2. Saupoudrer les filets de saumon d'huile d'olive, de sel et de poivre. Placer les quartiers d'oignon et les poivrons rouges autour du saumon
3. Faites cuire au four préchauffé pendant 12 à 15 minutes, ou jusqu'à ce que les légumes soient tendres et que le saumon soit bien cuit
4. Servir avec une sauce au miel et à la moutarde

BURGERS D'AGNEAU

Ingrédients

- Portions : 6 Temps de préparation : 15 minutes Temps de cuisson : 8 minutes

- Ingrédients :
- 1 1/2 livre d'agneau haché
- 1 cuillère à soupe de poudre d'oignon

Sel et poivre noir moulu, selon les besoins

Dans un bol, ajoutez tous les ingrédients et mélangez bien, faites 6 galettes de taille égale à partir du mélange.

Disposez les galettes sur un plateau de cuisson, placez la lèchefrite au fond de la chambre de cuisson de la friteuse.

Sélectionnez "Air Fry" et réglez la température sur 180 degrés F., réglez le minuteur sur 8 minutes et appuyez sur "Start".

Appuyez sur le bouton "Start". Lorsque l'écran affiche "Add Food" (ajouter des aliments), insérez la grille de cuisson en position centrale.

Lorsque l'affichage indique "Turn Food", tournez les hamburgers. Lorsque le temps de cuisson est terminé, retirez la grille et servez chaud.

SOUPE ÉPICÉE AUX CREVETTES À LA NOIX DE COCO

Ingrédients

- 1 cuillère à soupe d'huile d'olive
- 1/2 tasse d'oignon haché
- 1 gousse d'ail émincée
- 8 onces de pâtes penne non cuites
- 1 tasse de fromage parmesan râpé
- 1/2 tasse de lentilles rouges, triées et rincées
- 3/4 tasse de bouillon de légumes
- 1/4 de tasse de ketchup
- 2 cuillères à soupe de sucre brun
- 1 cuillère à soupe de moutarde jaune préparée
- 1 cuillère à café de sauce Worcestershire
- 4 tasses de bouillon de poulet
- 1 livre de crevettes crues décortiquées et déveinées
- 1 boîte (14 onces) de lait de coco
- 1 cuillère à café de sel
- 1/4 cuillère à café de poivre de Cayenne

1. Dans une grande poêle à feu moyen, faire cuire la saucisse, l'oignon et l'ail jusqu'à ce que la saucisse ne soit plus rose et que l'oignon soit translucide ; bien égoutter
2. Cuire les pâtes selon le mode d'emploi de l'emballage ; égoutter
3. Ajouter les pâtes, le mélange de saucisses, l'huile d'olive et le parmesan dans un grand bol ; mélanger
4. Dans une petite casserole à feu moyen, porter les lentilles et le bouillon de légumes à ébullition. Couvrir, réduire le feu et laisser mijoter pendant 15 minutes
5. Ajouter le ketchup, la cassonade, la moutarde et la sauce Worcestershire au mélange de lentilles ; laisser mijoter pendant 5 minutes de plus
6. Verser le mélange de lentilles sur le mélange de pâtes et remuer pour combiner
7. Verser le bouillon de poulet dans une grande casserole et porter à ébullition à feu vif. Ajouter les crevettes, le lait de coco, le sel et le poivre de Cayenne. Faire cuire pendant 3 à 5 minutes, ou jusqu'à ce que les crevettes soient bien cuites 8. Servir la soupe avec les pâtes cuites et les lentilles

CHAMPIGNONS PORTOBELLO FARCIS AUX ÉPINARDS ET À LA FETA

Ingrédients

- 4 grands champignons portobello
- 1 cuillère à soupe d'huile d'olive
- 1/2 tasse d'oignon haché
- 1 gousse d'ail émincée
- 8 onces de pâtes penne non cuites
- 1 tasse de fromage parmesan râpé
- 1/2 tasse de lentilles rouges, triées et rincées
- 3/4 tasse de bouillon de légumes
- 1/4 de tasse de ketchup
- 2 cuillères à soupe de sucre brun
- 1 cuillère à soupe de moutarde jaune préparée
- 1 cuillère à café de sauce Worcestershire
- 1 paquet (10 oz) d'épinards surgelés, décongelés et essorés
- 1/2 tasse de fromage feta émietté

1. Préchauffer le four à 375 degrés F (190 degrés C)
2. Retirer le pied de chaque champignon et gratter les branchies noires à l'aide d'une cuillère. Frottez les champignons avec de l'huile d'olive. Placez-les, côté tête, sur une plaque à pâtisserie
3. Dans une grande poêle à feu moyen, faites cuire la saucisse, l'oignon et l'ail jusqu'à ce que la saucisse ne soit plus rose et que l'oignon soit translucide ; égouttez bien
4. Faire cuire les pâtes selon les instructions de l'emballage ; égoutter
5. Ajouter les pâtes, le mélange de saucisses, l'huile d'olive et le parmesan dans un grand bol ; mélanger
6. Dans une petite casserole à feu moyen, porter les lentilles et le bouillon de légumes à ébullition. Couvrir, réduire le feu et laisser mijoter pendant 15 minutes
7. Ajouter le ketchup, la cassonade, la moutarde et la sauce Worcestershire au mélange de lentilles ; laisser mijoter 5 minutes de plus
8. Ajouter les épinards et le fromage feta au mélange de lentilles ; remuer pour combiner le tout
9. Farcir chaque chapeau de champignon avec le mélange de lentilles. Faire cuire au four préchauffé pendant 12 à 15 minutes, ou jusqu'à ce que les légumes soient tendres

CHOU-FLEUR CROUSTILLANT BUFFALO B

Ingrédients

- 1 tête de chou-fleur, coupée en fleurons
- 1/2 tasse de farine tout usage
- 1/2 cuillère à café de poudre d'ail
- 1/4 cuillère à café de sel
- 1/4 cuillère à café de poivre de Cayenne
- 1/4 de tasse d'huile d'olive
- 1/2 tasse de sauce piquante
- 1 cuillère à soupe de beurre

1. Préchauffer le four à 425 degrés F (220 degrés C). Tapisser une plaque à pâtisserie de papier sulfurisé
2. Dans un grand bol, combiner les bouquets de chou-fleur, la farine, la poudre d'ail, le sel et le poivre de Cayenne. Remuer jusqu'à ce que le chou-fleur soit uniformément enrobé
3. Dans une petite casserole, faire fondre le beurre à feu moyen. Ajouter la sauce piquante et remuer pour combiner le tout
4. Verser l'huile d'olive dans une grande poêle et faire chauffer à feu moyen-élevé. Ajouter les bouquets de chou-fleur et faire cuire pendant 3 minutes par côté, ou jusqu'à ce qu'ils soient dorés
5. Transférer le chou-fleur sur la plaque à pâtisserie préparée. Faire cuire au four préchauffé pendant 10 minutes, ou jusqu'à ce qu'il soit croustillant

POULET AU FOUR À L'AIL ET AU PARMESAN

Ingrédients

- 4 poitrines de poulet désossées et sans peau
- 1/2 tasse de farine tout usage
- 1/2 cuillère à café de poudre d'ail
- 1/4 cuillère à café de sel
- 1/4 cuillère à café de poivre de Cayenne
- 1/4 de tasse d'huile d'olive
- 1/2 tasse de sauce piquante
- 1 cuillère à soupe de beurre
- 1/2 tasse de fromage parmesan

1. Préchauffer le four à 425 degrés F (220 degrés C). Tapisser une plaque à pâtisserie de papier sulfurisé
2. Dans un grand bol, combiner les poitrines de poulet, la farine, la poudre d'ail, le sel et le poivre de Cayenne. Remuer jusqu'à ce que le poulet soit uniformément enrobé
3. Dans une petite casserole, faire fondre le beurre à feu moyen. Ajouter la sauce piquante et remuer pour combiner
4. Verser l'huile d'olive dans une grande poêle et faire chauffer à feu moyen-élevé. Ajouter les poitrines de poulet et faire cuire pendant 3 minutes par côté, ou jusqu'à ce qu'elles soient dorées
5. Transférer le poulet sur la plaque à pâtisserie préparée. Faire cuire au four préchauffé pendant 10 minutes, ou jusqu'à ce qu'il soit croustillant
6. Retirer du four et saupoudrer de fromage parmesan

CAROTTES GLACÉES AU BEURRE D'AMANDE ET À L'ÉRABLE

Ingrédients

- 4 carottes, pelées et coupées en diagonale
- 1/4 de tasse de beurre d'amande
- 1/4 de tasse de sirop d'érable
- 1/2 cuillère à café d'extrait de vanille
- Crème glacée pour servir

1. Préchauffer le four à 400 degrés F (200 degrés C). Recouvrir une plaque à pâtisserie de papier sulfurisé
2. Dans un grand bol, combiner les carottes, le beurre d'amande, le sirop d'érable et l'extrait de vanille. Remuer jusqu'à ce que les carottes soient uniformément enrobées
3. Déposer les carottes sur la plaque à pâtisserie préparée. Faire cuire au four préchauffé pendant 20 minutes, ou jusqu'à ce qu'elles soient tendres et glacées
4. Servir les carottes avec de la crème glacée

SAUTÉ DE POULET TERIYAKI ET DE LÉGUMES EN UNE SEULE CASSEROLE

Ingrédients

- 4 poitrines de poulet désossées et sans peau
- 1/2 tasse de farine tout usage
- 1/2 cuillère à café de poudre d'ail
- 1/4 cuillère à café de sel
- 1/4 cuillère à café de poivre de Cayenne
- 1/4 de tasse d'huile d'olive
- 1/2 tasse de sauce piquante
- 1 cuillère à soupe de beurre
- 8 onces de champignons, coupés en tranches
- 1 poivron rouge, coupé en fines lanières
- 1 poivron vert, coupé en fines lanières
- 3 gousses d'ail, émincées
- 3 cuillères à soupe de sauce soja
- 3 cuillères à soupe de vinaigre de riz
- 1 cuillère à soupe de miel

1. Préchauffez le four à 425 degrés F (220 degrés C)
2. Dans un grand bol, combiner les poitrines de poulet, la farine, la poudre d'ail, le sel et le poivre de Cayenne. Remuer jusqu'à ce que le poulet soit uniformément enrobé
3. Faites chauffer l'huile d'olive dans une grande casserole à feu moyen-élevé. Ajouter les champignons et les poivrons et l'ail. Faire cuire pendant 3 minutes, ou jusqu'à ce que les champignons soient ramollis
4. Ajouter le poulet et cuire pendant 5 minutes supplémentaires, ou jusqu'à ce que le poulet soit bien cuit
5. Ajouter la sauce soja, le vinaigre de riz, le miel et la sauce piquante. Remuer pour combiner le tout et porter à ébullition
6. Réduire le feu à doux et laisser mijoter à découvert pendant 10 minutesou jusqu'à ce que la sauce épaississe
7. Servir sur du riz ou des nouilles cuites. Appréciez !

BARRES DE GRUAU AU BEURRE DE CACAHUÈTE SANS CUISSON

Ingrédients

- 1/2 tasse de beurre de cacahuète crémeux
- 1/4 de tasse de miel
- 1/4 cuillère à café de sel
- 1 tasse d'avoine à l'ancienne
- 1/2 tasse de noix de coco râpée non sucrée
- 1/2 tasse de pépites de chocolat mi-sucré

1. Tapisser un plat de cuisson de 8x8 pouces de papier parchemin et mettre de côté
2. Dans un bol moyen, combiner le beurre d'arachide, le miel et le sel. Remuer jusqu'à ce que le mélange soit homogène
3. Ajouter l'avoine, la noix de coco et les pépites de chocolat. Remuer jusqu'à ce qu'ils soient bien combinés
4. Verser le mélange dans le moule préparé et appuyer fermement. Placez au réfrigérateur pendant 1 à 2 heures pour que le mélange se raffermisse avant de le couper en barres

SALADE DE CHOU ASIATIQUE CROUSTILLANTE

Ingrédients

- 1/4 de tasse d'huile végétale
- 1/2 tasse de sauce soja
- 1/4 de tasse de vinaigre de riz
- 1 cuillère à soupe de miel
- 1 gousse d'ail émincée
- 1/2 cuillère à café de gingembre râpé
- 8 tasses de chou râpé

1. Dans un grand bol, mélanger l'huile végétale, la sauce soja, le vinaigre de riz, le miel, l'ail et le gingembre
2. Ajouter le chou râpé dans le bol et mélanger jusqu'à ce qu'il soit enrobé de vinaigrette
3. Déposez la salade dans un plat de service et dégustez-la !

QUESADILLAS DE LÉGUMES GRILLÉS

Ingrédients

- 4 tortillas de blé entier
- 1/2 tasse de pesto préparé
- 1/2 tasse de fromage mozzarella râpé
- 1/2 tasse de tomates séchées au soleil hachées
- 1 poivron rouge, sans tige, épépiné et haché
- 1 poivron vert, sans tige, épépiné et haché
- 1/2 tasse de salsa préparée
- 4 cuillères à soupe de fromage cheddar râpé

1. Préchauffer le gril à feu moyen-élevé. Dans un petit bol, mélanger le pesto, le fromage mozzarella et les tomates séchées au soleil
2. Étendre le mélange uniformément sur chaque tortilla
3. Disposer les poivrons sur le dessus de chaque tortilla, puis la salsa et le fromage cheddar
4. Faire griller pendant 2 à 3 minutes de chaque côté ou jusqu'à ce que les tortillas soient croustillantes et que le fromage soit fondu

PENNE ALLA VODKA EN UNE SEULE CASSEROLE

Ingrédients

- 4 tortillas de blé entier
- 1/2 tasse de pesto préparé
- 1/2 tasse de fromage mozzarella râpé
- 1/2 tasse de tomates séchées au soleil hachées
- 1 poivron rouge, sans tige, épépiné et haché
- 1 poivron vert, sans tige, épépiné et haché
- 1/2 tasse de salsa préparée
- 4 cuillères à soupe de fromage cheddar râpé

1. Préchauffer le gril à feu moyen-élevé. Dans un petit bol, mélanger le pesto, le fromage mozzarella et les tomates séchées au soleil
2. Étendre le mélange uniformément sur chaque tortilla
3. Disposer les poivrons sur le dessus de chaque tortilla, puis la salsa et le fromage cheddar
4. Faire griller pendant 2 à 3 minutes de chaque côté ou jusqu'à ce que les tortillas soient croustillantes et que le fromage soit fondu

CHOUX DE BRUXELLES RÔTIS

Ingrédients

- 1 livre de choux de Bruxelles, parés et coupés en quatre
- 1 cuillère à soupe d'huile d'olive
- 1/2 cuillère à café de sel
- 1/4 cuillère à café de poivre noir

1. Préchauffer le four à 400 degrés F (200 degrés C)
2. Dans un grand bol, combiner les choux de Bruxelles, l'huile d'olive, le sel et le poivre noir. Mélanger pour enrober
3. Étendre les choux de Bruxelles en une seule couche sur une plaque à pâtisserie. Cuire au four pendant 25 minutes, en remuant une fois pendant la cuisson
4. Servir immédiatement

TATER TOTS DE COURGETTES AU FOUR SAINS

Ingrédients

- 4 petites courgettes, râpées
- 1 gros œuf, battu
- 1/2 tasse de fromage parmesan râpé
- 1/2 tasse de farine tout usage
- 1 cuillère à café de sel
- 1/4 cuillère à café de poivre noir

1. Préchauffer le four à 400 degrés F (200 degrés C) et vaporiser une plaque à pâtisserie d'enduit végétal
2. Dans un bol moyen, combiner les courgettes râpées, l'œuf, le parmesan, la farine, le sel et le poivre noir. Bien mélanger
3. Avec les mains enfarinées, façonner le mélange en boules de 1 pouce et les placer sur la plaque à pâtisserie préparée
4. Cuire au four pendant 25 minutes ou jusqu'à ce que les boules soient dorées

LASAGNES D'AUBERGINES MÉDITERRANÉENNES

Ingrédients

- 1 boîte de 15 onces de sauce tomate
- 1 boîte de conserve de pâte de tomate (6 oz)
- 3 tasses d'eau
- 3 cuillères à soupe de feuilles de persil frais hachées
- 8 nouilles de lasagnes sèches
- 1 tasse de fromage parmesan râpé
- 2 tasses de fromage mozzarella râpé
- 1/4 de tasse d'huile d'olive
- 1 aubergine, pelée et tranchée en rondelles de 1/2 pouce d'épaisseur
- 1/2 cuillère à café de sel
- 1/4 cuillère à café de poivre noir
- 1/4 cuillère à café de basilic séché
- 1/4 cuillère à café de thym séché
- 1 gousse d'ail, émincée
- 1/4 cuillère à café d'origan séché

1. Préchauffer le four à 375 degrés F (190 degrés C). Huiler légèrement un plat de cuisson de 9 x 13 pouces ou l'enduire d'un aérosol de cuisson antiadhésif
2. Dans un grand bol, combiner l'aubergine, l'huile d'olive, le sel, le poivre noir, le basilic, l'origan, le thym et l'ail. Bien mélanger et répartir dans le plat de cuisson préparé. Cuire au four pendant 25 minutes, en remuant de temps en temps. Retirer du four. Mettre de côté
3. Dans un petit bol, combiner la sauce tomate et la pâte de tomate. Bien mélanger et mettre de côté
4. Dans une grande casserole d'eau bouillante, cuire les nouilles à lasagne selon les instructions de l'emballage. Égoutter et rincer à l'eau froide. Mettre de côté
5. Pour assembler les lasagnes, étaler 1/2 tasse du mélange de sauce tomate sur le fond du plat de cuisson. Disposer 3 nouilles sur la sauce. Étendre 1/3 du mélange d'aubergines sur les nouilles. Saupoudrer de 1/4 de tasse de parmesan et de 1/2 tasse de mozzarella. Répéter l'opération deux autres fois en terminant par les nouilles, le parmesan et la mozzarella. Faire cuire au four pendant 30 minutes ou jusqu'à ce que le fromage soit fondu et bouillonnant

RIZ DE CHOU-FLEUR À LA MEXICAINE

Ingrédients

- 1 tête de chou-fleur, coupée en fleurettes
- 1 cuillère à soupe d'huile d'olive
- 1/2 cuillère à café de poudre de chili
- 1/2 cuillère à café de cumin
- 1/4 cuillère à café de sel
- 1/4 cuillère à café de poivre noir
- 1/2 tasse d'oignon haché
- 1 gousse d'ail émincée
- 1 tasse de bouillon de poulet
- 2 cuillères à soupe de sauce tomate
- 1 cuillère à soupe de feuilles de coriandre fraîche hachées

1. Préchauffer le four à 375 degrés F (190 degrés C). Vaporiser une grande plaque à pâtisserie d'aérosol de cuisson
2. Dans un grand bol, combiner le chou-fleur, l'huile d'olive, la poudre de chili, le cumin, le sel et le poivre noir. Bien mélanger et répartir sur la plaque à pâtisserie préparée. Faire rôtir pendant 25 minutes ou jusqu'à ce que le chou-fleur soit tendre et doré, en remuant de temps en temps. Retirer du four
3. Dans une grande casserole à feu moyen, faire chauffer l'oignon et l'ail dans l'huile d'olive jusqu'à ce qu'ils soient ramollis. Ajouter le bouillon de poulet et la sauce tomate et laisser mijoter pendant 10 minutes. Incorporer le chou-fleur rôti et les feuilles de coriandre. Servir immédiatement

SALADE DE QUINOA DU SUD-OUEST

Ingrédients

- 1 tasse de quinoa non cuit
- 2 tasses de bouillon de poulet
- 1/2 cuillère à café de poudre de chili
- 1/4 cuillère à café de cumin
- 1/4 cuillère à café de sel
- 1/4 cuillère à café de poivre noir
- 1 poivron rouge, haché
- 1 poivron orange, haché
- 1/2 tasse d'oignon rouge haché
- 1/4 de tasse de feuilles de coriandre fraîche hachées
- 2 cuillères à soupe de jus de citron vert frais

1. Dans une petite casserole, combiner le quinoa et le bouillon de poulet. Porter à ébullition à feu moyen-élevé. Réduire le feu à doux et laisser mijoter pendant 10 minutes. Retirer du feu et laisser refroidir complètement
2. Dans un grand bol, combiner le quinoa refroidi, la poudre de chili, le cumin, le sel et le poivre noir. Bien mélanger
3. Ajouter les poivrons, l'oignon rouge et les feuilles de coriandre. Bien mélanger pour combiner
4. Arroser de jus de citron vert et bien mélanger

POIS CHICHES ÉPICÉS RÔTIS

Ingrédients

- 4 tasses de pois chiches cuits
- 1 cuillère à soupe d'huile d'olive
- 1 cuillère à café de poudre de chili
- 1/2 cuillère à café de cumin
- 1/4 cuillère à café de sel
- 1/4 cuillère à café de poivre noir

1. Préchauffer le four à 375 degrés F (190 degrés C). Vaporiser une grande plaque de cuisson avec de l'aérosol de cuisson
2. Dans un grand bol, combiner les pois chiches, l'huile d'olive, la poudre de chili, le cumin, le sel et le poivre noir. Bien mélanger et étendre sur la plaque à pâtisserie préparée. Faire rôtir pendant 25 minutes ou jusqu'à ce que les pois chiches soient croustillants et dorés, en remuant de temps en temps. Retirer du four

RIZ AU CURRY, AUX CANNEBERGES ET À LA NOIX DE COCO

Ingrédients

- 1 tasse de riz blanc non cuit
- 1 1/2 tasse de bouillon de poulet
- 1/2 c. à thé de poudre de chili
- 1/4 cuillère à café de cumin
- 1/4 cuillère à café de sel
- 1/4 cuillère à café de poivre noir
- 1 boîte (15 onces) de lait de coco non sucré
- 1/3 de tasse d'oignon rouge haché
- 1 gousse d'ail émincée
- 1 cuillère à soupe de gingembre frais râpé
- 1 cuillère à café d'huile d'olive
- 1 tasse de canneberges fraîches ou surgelées
- 2 cuillères à soupe de feuilles de coriandre fraîche hachées

1. Préchauffez le four à 375 degrés F (190 degrés C). Vaporiser un grand plat de cuisson avec un aérosol de cuisson
2. Dans une casserole moyenne, combiner le riz et le bouillon de poulet. Porter à ébullition à feu moyen-élevé. Réduire le feu à doux et laisser mijoter pendant 10 minutes. Retirer du feu et laisser refroidir complètement
3. Dans une grande poêle à feu moyen, faire chauffer l'huile d'olive. Ajouter l'oignon, l'ail et le gingembre et faire cuire jusqu'à ce qu'ils soient ramollis, environ 5 minutes. Incorporer les canneberges et poursuivre la cuisson pendant 2 minutes. Retirer du feu
4. Dans un grand bol, combiner le riz cuit, le mélange de canneberges et le lait de coco. Bien mélanger le tout. Verser dans le plat de cuisson préparé. Cuire au four pendant 20 minutes ou jusqu'à ce que le tout soit bien chaud, en remuant de temps en temps

BOULETTES DE VIANDE AU MIEL ET À L'AIL À CUISSON LENTE

Ingrédients

- 1/2 livre de porc haché
- 1/2 livre de bœuf haché
- 1/2 tasse de chapelure
- 1/4 de tasse de lait
- 1 œuf
- 1 cuillère à soupe d'oignon émincé
- 1 cuillère à café d'ail en poudre
- 1 cuillère à café de sel
- 1/4 cuillère à café de poivre noir
- 3 cuillères à soupe de miel
- 3 cuillères à soupe de sauce soja
- 2 cuillères à café d'huile végétale

1. Préchauffer le four à 375 degrés F (190 degrés C). Graisser une plaque à pâtisserie avec un spray de cuisson ou la recouvrir de papier sulfurisé
2. Dans un grand bol, combiner le porc haché, le bœuf haché, la chapelure, le lait, l'œuf, l'oignon, la poudre d'ail, le sel et le poivre noir. Bien mélanger et former des boules de 1 pouce
3. Dans un petit bol, mélanger au fouet le miel, la sauce soja et l'huile végétale. Verser sur les boulettes de viande et cuire au four pendant 25 minutes ou jusqu'à ce qu'elles soient bien cuites

BURRITOS DE HARICOTS ET DE RIZ AU FROMAGE

Ingrédients

- 1/2 livre de haricots noirs cuits
- 1/2 tasse de riz blanc cuit
- 1/4 cuillère à café de poudre de chili
- 1 cuillère à soupe de salsa
- 4 tortillas de farine de la taille d'un burrito
- 1/2 tasse de fromage cheddar

1. Préchauffer le four à 400 degrés F (200 degrés C). Graisser une plaque à pâtisserie avec de l'enduit végétal ou la recouvrir de papier sulfurisé
2. Dans un bol moyen, écraser les haricots noirs avec une fourchette. Incorporer le riz cuit, la poudre de chili et la salsa. Bien mélanger
3. Répartir le mélange de haricots de façon égale entre les tortillas. Les rouler et les placer sur la plaque à pâtisserie préparée. Saupoudrer de fromage râpé
4. Cuire au four pendant 20 minutes ou jusqu'à ce que le fromage soit fondu et bouillonnant

POULET FARCI AUX ÉPINARDS ET AUX TOMATES SÉCHÉES

Ingrédients

- 4 poitrines de poulet désossées et sans peau
- 1/2 tasse de tomates séchées au soleil hachées
- 1/2 tasse d'épinards frais hachés
- 1/4 tasse de fromage parmesan râpé
- 1/4 cuillère à café de poivre noir
- 1/4 cuillère à café d'ail en poudre
- 1/4 cuillère à café de sel
- 1/4 cuillère à café de feuilles de basilic séchées
- 1/4 cuillère à café de feuilles de thym séchées
- 1/4 de tasse de farine tout usage
- 1/2 tasse de lait
- 1 cuillère à soupe d'huile d'olive

1. Préchauffez le four à 375 degrés F (190 degrés C). Graisser un plat de cuisson avec un spray de cuisson ou le tapisser de papier sulfurisé
2. Dans un bol moyen, mélanger les tomates séchées, les épinards, le parmesan, le poivre noir, la poudre d'ail, le sel, le basilic et le thym. Mettre de côté
3. Placer les poitrines de poulet entre deux morceaux de papier ciré ou de pellicule plastique. Marteler à l'aide d'un maillet ou d'un rouleau à pâtisserie jusqu'à ce qu'elles aient une épaisseur de 1/4 de pouce. Parsemer chaque poitrine d'une partie du mélange de tomates
4. Soulevez chaque poitrine de poulet et enduisez-la de farine. Secouer l'excédent de farine. Dans un plat peu profond, mélanger le lait et l'huile d'olive. Tremper chaque poitrine de poulet dans le mélange de lait, puis la placer dans le mélange de tomates. Bien enrober
5. Déposer le poulet dans le plat de cuisson préparé. Faire cuire au four pendant 30 minutes ou jusqu'à ce que le poulet soit bien cuit

OMELETTE VÉGÉTARIENNE À L'ITALIENNE

Ingrédients

- 4 œufs
- 1/4 de tasse de lait
- 1/4 cuillère à café de poivre noir
- 1/4 cuillère à café de poudre d'ail
- 1/4 cuillère à café de sel
- 1 cuillère à soupe d'huile d'olive
- 1/2 tasse d'oignon haché
- 1/2 tasse de poivron vert haché
- 1/2 tasse de poivron rouge haché
- 1/2 tasse de courgettes hachées
- 1/4 tasse de persil frais haché

1. Préchauffer le four à 375 degrés F (190 degrés C). Graisser une plaque à pâtisserie avec un spray de cuisson ou la recouvrir de papier sulfurisé
2. Dans un grand bol, fouetter ensemble les œufs, le lait, le poivre noir, la poudre d'ail et le sel. Mettre de côté
3. Dans une grande poêle, chauffer l'huile d'olive à feu moyen. Ajouter l'oignon, les poivrons et les courgettes. Faire cuire pendant 5 minutes ou jusqu'à ce que les légumes soient tendres
4. Verser le mélange d'oeufs sur les légumes. Faire cuire pendant 3 minutes ou jusqu'à ce que les bords de l'omelette commencent à se détacher des parois de la poêle. Saupoudrer de persil et servir immédiatement

CURRY DE LENTILLES AU RIZ BRUN

Ingrédients

- 1/2 livre de haricots noirs cuits
- 1/2 tasse de riz blanc cuit
- 1/4 cuillère à café de poudre de chili
- 1 cuillère à soupe de salsa
- 4 tortillas de farine de la taille d'un burrito
- 1/2 tasse de fromage cheddar

1. Préchauffer le four à 400 degrés F (200 degrés C). Graisser une plaque à pâtisserie avec de l'enduit végétal ou la recouvrir de papier sulfurisé
2. Dans un bol moyen, écraser les haricots noirs avec une fourchette. Incorporer le riz cuit, la poudre de chili et la salsa. Bien mélanger
3. Répartir le mélange de haricots de façon égale entre les tortillas. Les rouler et les placer sur la plaque à pâtisserie préparée. Saupoudrer de fromage râpé
4. Cuire au four pendant 20 minutes ou jusqu'à ce que le fromage soit fondu et bouillonnant

MACARONI AU CHOU-FLEUR

Ingrédients

- 4 cuillères à soupe d'huile végétale, divisées
- 1 oignon, coupé en dés
- 3 gousses d'ail, émincées
- 1 cuillère à café de gingembre râpé
- 1/2 cuillère à café de cumin moulu
- 1/2 cuillère à café de coriandre moulue
- 1/2 cuillère à café de cardamome moulue
- 1/4 cuillère à café de cannelle moulue
- 1/4 cuillère à café de poivre noir moulu
- 1 tasse de lentilles rouges, rincées et égouttées
- 2 tasses de bouillon de légumes
- 1 boîte (14,5 onces) de tomates en dés, non égouttées
- 1 cuillère à soupe de pâte de tomates
- 1 cuillère à soupe de miel
- 2 cuillères à café de poudre de curry
- 1/2 cuillère à café de sel
- 1/4 cuillère à café de poivre de Cayenne
- 3 tasses de riz brun cuit
- 4 tasses de fleurons de chou-fleur hachés

1. Chauffer 2 cuillères à soupe d'huile dans une grande casserole à feu moyen. Ajouter l'oignon, l'ail, le gingembre et les épices. Faire cuire pendant 2 minutes ou jusqu'à ce que le mélange soit parfumé
2. Ajouter les lentilles et le bouillon. Porter à ébullition, puis réduire le feu à doux et laisser mijoter pendant 20 minutes ou jusqu'à ce que les lentilles soient tendres
3. Dans une autre grande casserole, faire chauffer les 2 cuillères à soupe d'huile restantes à feu moyen. Ajouter les tomates, la pâte de tomate, le miel et la poudre de cari. Faire cuire pendant 5 minutes ou jusqu'à ce que le tout soit bien chaud
4. Préchauffer le four à 375 degrés F (190 degrés C). Graisser une plaque à pâtisserie avec un spray de cuisson ou la recouvrir de papier sulfurisé
5. Dans un grand bol, mélanger les lentilles cuites, le chou-fleur et le mélange de tomates. Verser dans le plat de cuisson préparé. Cuire au four pendant 30 minutes ou jusqu'à ce que le chou-fleur soit tendre

PATATES DOUCES AU CHILI ET À LA LIME

Ingrédients

- 4 patates douces, épluchées et coupées en tranches épaisses
- 2 cuillères à soupe d'huile d'olive
- 1 cuillère à café de poudre de chili
- 1/2 cuillère à café de cumin moulu
- 1/2 cuillère à café de paprika
- 1/4 cuillère à café de sel
- 1 citron vert, avec son jus

1. Préchauffer le four à 375 degrés F (190 degrés C). Graisser une plaque à pâtisserie avec de l'enduit végétal ou la recouvrir de papier sulfurisé
2. Dans un grand bol, combiner les patates douces, l'huile d'olive, la poudre de chili, le cumin, le paprika et le sel. Mélanger pour les enrober uniformément
3. Étendre les patates douces sur la plaque à pâtisserie préparée. Cuire au four pendant 25 minutes ou jusqu'à ce qu'elles soient tendres et légèrement dorées
4. Arroser de jus de lime avant de servir

PARMESAN D'AUBERGINES SAIN

Ingrédients

- 4 aubergines, coupées en rondelles de 1/2 pouce d'épaisseur
- 1 tasse de farine tout usage
- 2 œufs, battus
- 1 tasse de chapelure assaisonnée à l'italienne
- 1/2 tasse de fromage parmesan râpé
- 2 cuillères à soupe d'huile d'olive
- 4 tasses de sauce tomate
- 1 cuillère à café de sucre
- 1/2 cuillère à café de sel
- 1/4 cuillère à café de poivre noir

1. Préchauffer le four à 425 degrés F (220 degrés C). Vaporiser un plat de cuisson avec un aérosol de cuisson
2. Enfariner les rondelles d'aubergines, les tremper dans les œufs et les enrober de chapelure. Placer dans le plat de cuisson préparé
3. Verser un filet d'huile d'olive sur le dessus des aubergines. Faire cuire au four préchauffé pendant 25 minutes ou jusqu'à ce que les aubergines soient dorées
4. Pendant ce temps, préparer la sauce tomate en mélangeant la sauce tomate, le sucre, le sel et le poivre dans une casserole à feu moyen. Porter à ébullition, puis réduire à feu doux et laisser mijoter pendant 10 minutes
5. Pour assembler, placer les rondelles d'aubergine sur une assiette de service et recouvrir de sauce tomate. Saupoudrer de fromage parmesan.

BROCOLI RÔTI À L'AIL

Ingrédients

- 4 tasses de fleurons de brocoli
- 2 cuillères à soupe d'huile d'olive
- 3 gousses d'ail, émincées
- 1/4 cuillère à café de sel
- 1/4 cuillère à café de poivre noir

1. Préchauffer le four à 375 degrés F (190 degrés C). Graisser une plaque à pâtisserie avec un aérosol de cuisson ou la recouvrir de papier sulfurisé
2. Dans un grand bol, combiner le brocoli, l'huile d'olive, l'ail, le sel et le poivre. Mélanger pour enrober uniformément
3. Étendre le brocoli sur la plaque à pâtisserie préparée. Faire cuire au four préchauffé pendant 20 minutes ou jusqu'à ce qu'ils soient tendres et légèrement dorés

SOUPE AU CARI ET À LA NOIX DE COCO

Ingrédients

- 1 cuillère à soupe d'huile d'olive
- 1 oignon, haché
- 2 gousses d'ail, émincées
- 1 cuillère à café de gingembre râpé
- 1 cuillère à café de coriandre moulue
- 1/2 cuillère à café de cumin moulu
- 1/4 cuillère à café de curcuma
- 4 tasses de bouillon de poulet
- 1 boîte (14 onces) de lait de coco
- 3 cuillères à soupe de pâte de curry rouge
- 1 grosse carotte, épluchée et coupée en fines lamelles
- 2 tasses de petits fleurons de brocoli
- 1/2 tasse de feuilles de coriandre fraîche, hachées

1. Faites chauffer l'huile d'olive dans une grande casserole à feu moyen. Ajouter l'oignon, l'ail, le gingembre, la coriandre, le cumin et le curcuma. Cuire jusqu'à ce qu'ils soient parfumés, en remuant de temps en temps
2. Verser le bouillon de poulet et le lait de coco. Incorporer la pâte de curry rouge. Portez à ébullition et laissez cuire pendant 10 minutes
3. Ajouter les morceaux de carottes et les bouquets de brocoli à la soupe. Laisser mijoter pendant 5 minutes ou jusqu'à ce que les légumes soient tendres. Incorporer les feuilles de coriandre juste avant de servir

PARTIE FINALE

Les Signes qui vous indiquent que vous souffrez d'hyperglycémie

Je veux maintenant vous parler d'un moyen simple et facile de contrôler votre santé.
Je vous donnerai quelques outils très intuitifs que vous pourrez mettre en pratique immédiatement pour surveiller le taux de sucre dans le sang.

Parce que nous savons que si vous avez trop de sucre dans le sang, il y a...
peut avoir des conséquences très négatives sur votre santé. Oui, nous le savons tous
diabète et le syndrome pré-diabétique, mais vous pouvez également souffrir de plusieurs
des maux, de nombreuses difficultés qui diminuent la qualité de votre vie précisément parce que vous ne vérifiez votre glycémie. Voyons donc les dix signes à vérifier
si votre taux de sucre dans le sang est trop élevé. Et puis nous allons aussi
discuter de la meilleure façon de les contrôler et de les gérer.

Avoir une glycémie stable est essentiel pour la santé.
Mais malheureusement, il semble que ce soit le problème numéro un du régime alimentaire occidental moderne.
Il faut aussi l'apprendre aux enfants, c'est pourquoi je vous invite à partager ce livre,
parce que de nombreux signaux dont nous allons parler sont maintenant répandus dans la population et passent parfois inaperçus.

Il est important qu'il y ait une quantité adéquate de sucre dans le sang, car le sucre
est la première source d'énergie dans les cellules et, en fait, il existe des molécules qui permettent
le sucre à pénétrer dans les cellules, notamment une hormone, l'insuline. Quand vous mangez,
quand vous faites un repas copieux, mais parfois aussi quand vous êtes stressé, vous avez des déséquilibres
les hormones. Le taux de sucre dans le sang augmente, l'insuline est libérée et agit comme un médiateur,
agit comme une clé de voûte pour ouvrir la porte et laisser le sucre du sang entrer dans les cellules.
De cette façon, le sucre peut être utilisé comme énergie et vous permettre de poursuivre votre journée.
Toutefois, lorsque les cellules perdent leur sensibilité à l'insuline, ce qui signifie que l'insuline n'ouvre plus
la porte, elle n'a plus d'effet positif sur la cellule et cela s'appelle en termes techniques la résistance
à l'insuline.. Et si vous mangez trop, vous avez trop de sucre dans le sang.

Ici, dans ces deux conditions : résistance à l'insuline ou excès de sucre dans le sang après un repas copieux ;
ce qui se passe, c'est que votre corps ne peut plus faire entrer le sucre dans les cellules, mais le transforme en...
la graisse, ce qui peut ensuite entraîner des conséquences très négatives : foie gras, diabète, graisse viscérale.
Mais le pire, c'est que cette graisse produit les cytokines qui sous-tendent
d'une inflammation systémique, c'est-à-dire une inflammation qui affecte l'ensemble de votre corps, vous conduisant à
pour avoir toutes ces conséquences dont nous parlons maintenant.

10

Un signe très commun et très caractéristique, que vous avez certainement aussi connu, le besoin d'uriner fréquemment.

La raison en est que tout ce sucre dans le sang doit être expulsé d'une manière ou d'une autre, car sinon il peut s'avérer nocif.

De cette façon, les reins sont mis à l'épreuve et travaillent exceptionnellement fort pour évacuer la plus grande quantité possible.

La conséquence est précisément une surcharge des reins et parfois même une tendance à l'inflammation ou à l'infection.

le plus fréquent dans les voies urinaires.

Dans le pire des cas, dans les situations de diabète complet, c'est l'urine elle-même, voire, pense-t-on, à d'être doux, d'être sucré. En fait, avant l'avènement de la médecine moderne, les médecins pour pour diagnostiquer un problème de diabète, ils allaient vérifier si les insectes buvaient l'urine que vous produisiez.

Mais une chose qui peut vous arriver, c'est après un gros repas, après un dîner,
celle de se réveiller fréquemment juste pour aller aux toilettes pour faire pipi.

9

Ce signal est étroitement lié à celui de faire beaucoup pipi, c'est celui d'avoir constamment soif, précisément parce que la votre corps doit rejeter tout ce sucre et vous continuez à uriner fréquemment. Par conséquent, la soif aussi viendra d'elle-même.

Votre niveau de liquide sera de plus en plus bas, vous vous déshydraterez et c'est pourquoi vous aurez soif et aurez tendance à boire davantage. C'est très bien si vous buvez beaucoup d'eau justement pour équilibrer cette perte de liquide.

Ne commettez toutefois pas l'erreur de boire des boissons sucrées ou, pire encore, des boissons alcoolisées. Nous avons tous essayé après un une soirée entre amis où l'on boit une, deux ou trois bières ou quelques verres d'alcool, le besoin de boire encore plus et d'uriner encore plus fréquemment, précisément parce que l'alcool se comporte comme le sucre ou, par exemple, les boissons très sucrées vous entraînent vous aurez de plus en plus soif, vous ingérerez de plus en plus de sucre. En conséquence, vous devrez uriner souvent, mais le fait de ne pas boire d'eau n'empêchera pas assez pour exposer votre corps à un risque élevé de déshydratation. C'est un problème très courant de nos jours, surtout chez les personnes âgées.

8

Ce signal très important, très utile pour ceux qui travaillent encore, est que vous avez du mal à vous concentrer.
La raison en est qu'un taux de sucre élevé libère de l'insuline, et que cette dernière inhibe d'autres hormones qui
qui activent normalement notre esprit, comme la sérotonine ou la dopamine, par exemple.
Il vous est certainement arrivé de prendre un repas copieux à midi, plein de sucre, et de vous sentir fatigué,
la fatigue, une énorme somnolence juste après le déjeuner. La raison en est précisément que votre corps doit se préoccuper de
gérer et éliminer ce sucre. Comme il est occupé à cela, il est obligé d'arrêter toute activité supplémentaire, y compris votre capacité à vous concentrer sur d'autres choses. Ne jamais, jamais avoir une réunion à deux ou trois heures si vous avez l'habitude de trop manger au déjeuner.

7

Un signe à surveiller est une difficulté de digestion. Un abdomen gonflé, un ventre ballonné, des difficultés à digérer...
après un repas sont autant de symptômes indiquant que votre taux de glycémie est élevé.
Vous serez intéressé de savoir que ce que vous mangez a un impact direct
sur votre flore intestinale et cette flore intestinale communique directement avec votre cerveau.
En fait, on l'appelle le deuxième cerveau. Lorsque vous le nourrissez de la bonne façon, c'est-à-dire avec les fibres dans le
légumes et de fruits, elle produit des hormones positives, et influence votre humeur et aussi votre l'énergie quotidienne.
Si vous ne vous donnez que des sucres simples, vous risquez de souffrir...
de dépression, de manque d'énergie, de tous ces symptômes de mauvaise digestion comme un ventre ballonné,
l'air intestinal, ou encore un excès ou une fatigue de la digestion après un repas.

6

La faim constante. Peut-être le plus gros problème, surtout pour ceux qui veulent perdre du poids.
Eh bien, si votre taux de sucre dans le sang est toujours élevé, il y a ce paradoxe.
Vous continuez à manger, mais vous avez toujours faim, précisément parce que ce sucre, au lieu de passer dans le sang...
reste dans le sang et est éliminé par l'urine, vous n'obtiendrez jamais
l'énergie là où c'est important pour vous et vous aurez toujours faim. Votre corps vous en demandera toujours plus.
Le résultat est que vous allez manger, manger, manger, transformer ce sucre en graisse, encaisser et...
va déposer beaucoup de graisse, au niveau du ventre et des intestins, sans jamais perdre de poids, sans jamais avoir d'énergie, sans jamais prendre de masse musculaire.
Dans des situations plus avancées, l
votre corps tire son énergie de vos muscles et de vos os, ce qui aboutit à ce paradoxe
souvent observée chez les personnes diabétiques, où l'on trouve un ventre très développé, une graisse viscérale
des jambes et des bras très développés, mais très minces.

5

C'est un problème que nous observons aussi souvent chez les enfants, c'est une facilité excessive à développer des infections dans presque tous les cas.

Tout le corps, de l'enfant à la femme qui peut souffrir de candida et de cystites récurrentes, en passant par une personne

qui peuvent avoir des problèmes de champignons sur les pieds qui ne disparaissent pas. Les bactéries, les virus et les parasites se nourrissent de...

le sucre et se développent beaucoup plus facilement dans un environnement riche en cette substance. C'est pourquoi vous pouvez avoir

des problèmes de peau récurrents qui ne disparaissent pas, même avec des crèmes. C'est pourquoi vous vous efforcez d'éradiquer

le champignon sur vos pieds ou votre candida se reproduit souvent.

4

Ce signal est lié aux problèmes
de la peau. La peau est considérée par beaucoup comme l'épreuve décisive de votre intestin. Ce que vous mangez
influence aussi directement ce que vous exposez au monde extérieur. Votre peau est souvent la première à souffrir d'une carence,
d'une carence ou d'un déséquilibre hormonal. C'est précisément cet organisme qui se trouve à l'extrémité de notre corps.
Si vous souffrez de pellicules, de desquamation, si vos talons sont souvent coupés, si vous avez des rougeurs, des modifications de la
la couleur de la peau ou des démangeaisons, en général cela peut être simplement un signe de taux de sucre élevé
dans le sang. Et n'oubliez pas que l'hyperglycémie entraîne un vieillissement prématuré.
Et la première chose que vous verrez est une dégradation de votre peau.

3

Un signe particulièrement fréquent, même après un certain âge, est de souffrir de douleurs musculaires.
fréquentes précisément parce que ces cellules musculaires ont besoin d'énergie, qui n'est pas transmise
du sang car le sucre reste dans la circulation sanguine. Vous pouvez souffrir d'un manque de force et de douleurs également liées à des problèmes musculaires, articulaires et nerveux. Les nerfs eux-mêmes peuvent également souffrir
de dommages causés par l'excès de sucre dans le sang, par un diabète maintenant marqué, et la neuropathie est peut-être
l'effet secondaire le plus inquiétant pour une personne atteinte de diabète.
Le sucre interfère
avec le bon fonctionnement des nerfs, ce qui provoque une inflammation de ces derniers, entraînant une douleur qui
n'est pas nécessairement physique, mais est due à une inflammation du nerf lui-même.

2

Vous verrez ce signal au niveau de votre visage, de votre nez et de votre visage. D'une part, les gencives, un
problème de saignements fréquents des gencives, ce qu'on appelle la parodontite et au niveau des
des voies respiratoires. Vous pouvez avoir un excès de muscle en cas d'infection et de rhume, précisément parce que le sucre nourrit les bactéries et les micro-organismes pathogènes externes. Il est très facile pour
vous souffrirez de caries, de saignements et de douleurs dans la bouche, et il est très facile que vous développerez un excès de mucus et des infections constantes, ce qui n'est pas nécessairement dû à la
l'hiver ou les périodes de froid. Votre alimentation influence la santé de votre bouche et de votre nez et c'est pourquoi vous devez vous faire examiner par votre médecin si vous voulez être en bonne santé.

1

Et pour terminer à la 1ère place
c'est la graisse. L'excès de graisse de l'adiposité juste là où nous n'aimons pas l'avoir.
Au niveau des intestins, au niveau des viscères. L'excès de graisse viscérale est la caractéristique numéro un montrant que vous êtes susceptible d'avoir des problèmes cardiovasculaires avec une crise cardiaque ou une attaque,
ou vous aurez des problèmes de santé tels que le cancer ou les maladies dégénératives.
Il faut donc absolument réduire la graisse viscérale. C'est ce que vous devez faire, et si vous avez un excès,
probablement parce que votre taux de sucre dans le sang est trop élevé. Mais vous avoir maintenant les signes clairs que votre corps vous donne pour vous indiquer que les choses ne vont pas très bien comme vous le pensez, mais ils se portent mal.

LES TROIS RÈGLES D'OR POUR MANGER CE QUE VOUS VOULEZ ET MAINTENIR VOTRE GLYCÉMIE À UN NIVEAU BAS

Je vais vous donner trois conseils simples. Le premier est le **jeûne intermittent**.
Il peut vous aider à contrôler l'insuline. Abaisser le taux de sucre dans le sang.
Que signifie l'augmentation du temps de jeûne entre le dîner et le petit-déjeuner ?
Peut-être prendre le petit-déjeuner à neuf heures au lieu de sept heures, puis à dix heures, puis à onze heures.
**Augmentez cet espace pour que votre corps puisse diminuer le sucre, réinitialiser
et repartir de zéro. Attention, cependant, à ne pas commettre l'erreur de croire que lorsque vous pratiquez le jeûne intermittent**
mais ensuite, au déjeuner, vous continuez à avoir des excès de sucre. Continuer à suivre un régime mal parce que c'est contre-productif de toute façon.

La deuxième chose à faire est de **faire de l'exercice**
intensité élevée, exercice avec des poids, exercice bon pour tout le monde, des enfants de huit ans jusqu'aux plus jeunes.
à des dames de 90 ans. Je vous assure qu'il n'y a aucun risque à soulever des poids si vous le faites d'une manière
graduel et progressif, éventuellement suivi par un entraîneur personnel ou un physiothérapeute compétent.

Le troisième conseil que je vous donnerais d'un point de vue diététique est de changer son alimentation et **augmenter considérablement la quantité de fibres**. Nous devons commencer à manger plus de fibres, de fruits et de légumes.
les légumes dans les céréales complètes,
dans les légumineuses, dans tous les aliments d'origine végétale dont les fibres constituent la partie essentielle.
Arrêtez d'éplucher les pommes de terre et les pommes ou de continuer à raffiner les aliments.
Mangez-les tels quels car les fibres qu'ils contiennent, même si elles ont un goût ou sont peut-être un peu amères,
Ils nourrissent en fait votre microbiote et vous font du bien.
Les problèmes de gestion de la glycémie font désormais partie du quotidien, nous en avons tous, alors nous apprenons
tous ensemble pour contrôler ces aspects et nous vivrons tous en meilleure santé.

COMMENT RÉDUIRE LE TAUX DE SUCRE DANS LE SANG

L'application la plus réussie du vinaigre de cidre de pomme concerne les patients atteints de diabète de type 2.

Le diabète de type 2 se caractérise par un taux de glycémie élevé dû à une résistance à l'insuline ou à l'incapacité de produire de l'insuline.

Cependant, l'hyperglycémie peut être un problème même pour ceux qui ne souffrent pas de diabète... on pense que c'est une cause majeure du vieillissement et d'autres maladies chroniques.

Ainsi, presque tout le monde peut bénéficier de la stabilité de la glycémie.

La façon la plus efficace et la plus saine d'y parvenir est d'éviter les glucides et les sucres raffinés, mais l'introduction du vinaigre de cidre de pomme peut également avoir un effet puissant.

Il a été démontré que le **vinaigre** présente de nombreux avantages pour la fonction insulinique et la glycémie :

il améliore de 19 à 34 % la sensibilité à l'insuline pendant les repas riches en glucides et réduit la glycémie et la réponse insulinique

réduit le taux de glycémie de 34 % lorsqu'on mange 50 grammes de pain blanc.

2 cuillères à soupe de vinaigre de cidre de pomme avant le coucher peuvent réduire la glycémie de 4 %.

Plusieurs autres études, réalisées sur des souris et des humains, montrent que le vinaigre peut augmenter la sensibilité à l'insuline et diminuer la réponse glycémique pendant les repas.

Pour ces raisons, le vinaigre peut être utile aux personnes atteintes de diabète ou à toute personne qui souhaite simplement maintenir son taux de glycémie à un niveau acceptable.

Si vous prenez actuellement des médicaments pour réduire votre taux de sucre dans le sang, consultez votre médecin avant d'augmenter votre consommation de vinaigre de cidre de pomme.

PEUT-ON MÊME PERDRE DU POIDS ?

Comme le vinaigre de cidre de pomme abaisse le taux de sucre dans le sang et l'insuline, il peut vous aider à perdre du poids en conséquence.

Plusieurs études réalisées sur des humains suggèrent que le vinaigre peut augmenter votre sentiment de satiété, vous aider à manger moins et à perdre du poids.

Le vinaigre dans un repas riche en glucides peut augmenter votre sentiment de satiété et vous faire manger 200 à 275 calories de moins pour le reste de la journée (lire les études 1, 2 ici).

Une réduction de l'apport calorique se traduit par une perte de poids.

Une étude réalisée sur des personnes obèses a montré que la consommation quotidienne de vinaigre de cidre de pomme réduit le tour de ventre et de taille, diminue les triglycérides et contribue à la perte de poids (Lire l'étude ici) :

15ml (1 cuillère à soupe) : perte de 1,6 kg
30ml (2 cuillères à soupe) : perte de 1,7 kg

Dans tous les cas, il faut savoir que cette étude a été réalisée pendant 12 semaines, de sorte que les effets sont en fait modestes.

Cela dit, l'ajout ou la suppression d'un seul aliment ou ingrédient a rarement un effet notable sur le poids.

C'est l'ensemble du régime alimentaire et du mode de vie qui compte... vous devez combiner plusieurs changements pour obtenir des résultats.

Il semble que le vinaigre de cidre de pomme puisse être utile pour perdre du poids, principalement parce qu'il procure une sensation de satiété et réduit les taux de glucose et d'insuline. Mais elle ne fait pas de miracles à elle seule.

Une vie saine

Il Manger sainement et maintenir un indice glycémique bas est important pour tout le monde, et pas seulement pour les personnes atteintes de diabète.
Les aliments dont nous avons parlé sont tous des choix sains
qui vous aideront à maintenir votre taux de sucre dans le sang et à rester en bonne santé.

Si vous pensez que vous mangez trop de glucides, vous pouvez y remédier.
Je vous recommande de demander conseil à votre médecin ou à votre nutritionniste.

Mon travail consiste à diffuser ces informations afin qu'elles soient connues de tous.

Je vous souhaite une vie heureuse!

www.ingramcontent.com/pod-product-compliance
Lightning Source LLC
Chambersburg PA
CBHW042027100526
44587CB00029B/4324